정약용의

고해

일러두기

이 책은 정약용의 《여유당전서與猶堂全書》 제16권에 수록되어 있는 〈자찬묘지명自撰墓誌銘〉 집중본集中本을 저본으로 삼아 번역하고 내용을 보완해 해설한 것입니다.

내용의 보완은 〈자찬묘지명〉을 기초로 하되, 정약용의 학문 내력, 사상의 형성, 당시에 발생한 주요 사건에 대한 구체적인 해설, 다산 관련 글씨와 그림 자료 등 〈자찬묘지명〉에서 다루지 않은 부분을 새롭게 보탰습니다.

원문의 표점은 다산학술문화재단의 《정본 여유당전서定本 與猶堂全書》(2012)를 참고로 정리했습니다.

스스로에게 건네는 생의 마지막 고백
自撰墓誌銘

정약용의

고해

신창호 지음

정약용의 고해를 열며

삶을 가리켜 고해苦海라고 한다. 그렇기에 삶의 쓴 맛을 잊게 해주는 달콤한 순간이, 선물처럼 인생에서 한번쯤은 찾아온다. 누군가는 그 마법과 같은 시간을 반추하며 남은 생의 고해를 견딘다. 누군가는 자신의 삶이 그때의 기억에 갇힐까봐 두려워하며 고해로 나아간다. 너무 이르게 평생의 역작을 남긴 다음 늙어가야 했던 예술가가 아니라도, 누구에게나 삶에 의미가 되는 기억이 하나쯤은 있다.

'삶의 의미'라는 질문은 새삼스럽다. 하지만 언젠가 생이 다함은 필연이기에, 한번쯤은 품을 수밖에 없는 질문이기도 하다. 어쩌면 생의 너머가 가늠이 되고 나서야 미뤄뒀던 질문과 마주할 격이 갖춰질지도 모르겠다.

나는 그렇게 자신의 삶에서 간절하게 의미를 찾았던 사람들에게 눈

길이 간다. 삶은 동화가 아니다. 동화는 "그래서 왕자와 공주는 행복하게 살았습니다"라고 끝나지만, 역사에 기록된 삶은 이후에도 계속된다. 그렇다면 우리에게 기억되는 인물들의 그 이후 잊힌 삶은 어떻게 전개되었을까. 그들은 삶의 동인을 어디에서 찾았을까. 이런 의문이 들었을 때 나는 한 사람을 떠올렸다. 정약용이다.

●

몇 년 전이었다. 정약용의 후기 저작인 《소학지언小學枝言》과 《심경밀험心經密驗》을 읽다가 난관에 부딪혔다. 《소학》과 《심경》은 인간 행위의 근본과 마음의 문제를 신중하게 성찰한 저작이다. 정약용은 말년에 이와 같은 책들에 파묻혔다. 그것이 납득이 가지 않았다. 정약용의 사상은 성리학을 집대성한 주희의 성과와 비교되면서 주자학과 다산학이라는 대립각을 세울 정도로 자리매김하기도 한다. 그런 그가 《소학》과 《심경》으로 귀의했다면, 기존의 육경과 사서를 중심으로 하는 그의 심오하고 방대한 철학사상과 정치경제학, 서학과 관련된 연구 성과는 어떻게 이해해야 할까?

나는 지금까지 공자와 맹자, 순자 등의 원시유학, 주자를 비롯해 퇴계, 율곡 등의 성리학, 조선 후기 유학자들의 사상과 교육에 관해 연구했다. 반면 정약용에 대해서는 그에 미치지 못 했다. 대학원 강의에서 정약용의 《대학공의》와 《대학강의》를 교육사상의 측면에서 다룬 적이 있었지만, 그의 사유에 깊이 들어가지는 않았다. 나는 그에 대해 더 알고 싶었다. 다행스럽게도 그는 스스로 자신의 일생을 정돈했다. 《자찬묘지명》이다.

●

스스로 쓴 자신의 묘지명, 자찬묘지명은 묘하다. 자서전도 아니고 유언도 아니며 나에게 보내는 편지도 아니지만, 그 모두를 어느 정도 포함한다. 자신의 묘지명을 스스로 쓴 인물이 정약용만은 아니다. 옛 선비들은 스스로의 묘지명을 쓰며 죽음을 직시했고, 그럼으로써 자신의 삶을 다스렸다. 내가 특히 정약용의 묘지명에 주목한 까닭은 그가 18세기를 상징하는 인물이기도 했지만, 무엇보다 나에게는 낯설었기 때문이다.

정약용은 우리에게 다양한 무늬로 아로새겨져 있다. 조선 후기를 대표하는 지성, 유배생활의 상징, 화성을 축조한 실학자, 탁월한 관료, 정조의 귀가 되었던 암행어사, 음악에서 의학에 이르기까지 방대한 저작을 남겼고, 오늘날 심지어 명탐정으로까지 다양한 모습으로 변주되고 있다. 그래서일까, '다산茶山'이라는 그의 호에 빗대 학자들 사이에서 회자되는 농담이 있다. '다산은 어떤 사상가보다 많은 것을 다산多産한' 인물이다.

많은 것을 남겼지만, 그렇기 때문에 정약용은 여러 모습이 기워진 키메라처럼 여전히 낯선 무언가다. 정약용은 많은 이야기를 했지만, 동시에 그는 그 말에 가려져 아무 말도 하지 않았다. 정약용은 이전의 유학자들과 전혀 다른 사상가일까? 누군가의 주장처럼 상제上帝 개념을 적극적으로 끌어내며 천주교에 매혹을 느낀 학자일까? 성리학을 거부한 반주자학자일까? 서학까지 포용하며 근대를 지향한 진보적인 지식인일까? 이러한 평가들이 혹시 훗날을 살아가는 우리가 포장한 착각은 아닐까.

문득 우리에게 익숙한 그의 호 '다산'에서 이질감을 느꼈다. 정약용의 학문을 다산학이라고 부르지만, 정작 정약용 본인이 자신의 저술을 집대성하며 붙인 이름은 '여유당전서'이다. 그가 다산초당에서 지냈던 기간은 삶에서 상당한 비중을 차지하지만, 그 스스로는 《자찬묘지명》에서 다산에서의 삶을 간략하게 기록했다. 정약용은 어떤 이름으로 불리기를 원했을까.

나는 방대한 글 속에 묻힌 그의 민낯을 보고 싶었다. 인간은 자신의 죽음을 자각하는 순간부터 스스로에게 솔직해진다. 정약용은 나이 예순에 이르러 스스로의 삶을 어떻게 바라봤을까. 삶의 의미를 어디에서 찾았을까. 죽음을 가늠했을 무렵부터 죽음에 이르기까지 스스로에게 무슨 고백을 털어놓고 싶었을까.

●

정약용은 자신의 묘지명에서 유교문화의 정수를 지닌 유학자이고 싶다고 고백했다. 이러한 고백에는 천주교에 관심을 가졌던 사실도 물론 포함된다. 어쩌면 정약용은 자부이자 한국 최초의 천주교 신부인 이승훈의 영향을 강하게 받았을지도 모르겠다. 나아가 천주교 신자가 되고 싶었을지도 모른다. 《한국천주교회사》의 저자 샤를르 달레 Claude Charles Dallet는 당시 조선 교구 주교였던 달베루이의 비망록을 인용해 이렇게 말했다.

> 천주교 신자들이 1801년 신유박해에서 사형언도를 받자, 정약용과 정약전은 한심하기 짝이 없는 나약한 모습을 보였다. … 1801년 예수 그리스도의 신앙을 입으로 배신한 것을 진심으로 뉘우쳐 세상과 떨어져 살며 언제나 방에 들어앉아 몇몇 친구들만 만났다. 단식을 하기도 하고 자기극복을 위한 여러 수행을 하며 … 천주교인 이외의 사람들이 믿고 있던 미신을 반박하며, 신입 교우들을 가르치기 위해 여러 천주교 서적들을 남겼다. 그의 저서 여러 권이 박해 때에 땅 속에 감춰져 벌레에 갉히고 썩었으나, 많은 저서가 그의 집에 보존되었다. … 정약용 요한은 1835년 조선에 들어온 유방제 啞치피꼬 신부의 손으로 마지막 성사를 받은 후 세상을 떠났다.

이렇게만 보면 정약용은 천주학자로 생을 정리한 사람이다. 세상을 떠날 무렵에도 신부의 성사를 받았다. 다만 석연찮은 부분이 있다. 이는 정약용의 목소리가 아니다. 《천주실의天主實義》를 남긴 마테오 리치 Matteo Ricci와는 다르게 그가 집필했다는 천주학 관련 저서는 남아 있지 않다. 주변의 영향을 받아 천주교를 접했으며 호감을 가지고 있었다고 하더라도, 다산은 천주교와의 인연을 정리하고 유학 연구에 몰두했다. 그것만이 사실이고 진실이다.

나는 다산을 통유학자通儒學者로 존경한다. 다산은 육경·사서를 통해 수기修己를 모색하고 일표이서(경세유표, 목민심서, 흠흠신서)를 통해 치인治人을 고민하며 수기치인修己治人의 유학에 충실했다. 과학기술과 음악 미술 등 다양한 영역에 관심을 드러내며 삶의 실질을 고민했다. 이러한 사유에는 서학과 천주학도 분명히 포함될 것이기에, 여느 유학자보다 그 사유의 깊이와 색채가 남다르다. 정약용은 당시 조선에서 접할 수 있는 모든 학문을 접한 다음 어느 것도 부정하지 않고 모두 품은 채 유학으로 회귀한 것이다.

●

이 책은 정약용이 정약용에게 전하는 독백이다. 그리고 생의 고해를 거친 다음 스스로에게 건네는 고백이다. 뼛속까지 유학자인 그가 겉돌았던 삶과 회한을 담담하게 인정하며 스스로에게 털어놓은 고해성사다. 고해告解, 생의 한 갑자를 돈 다음 지금까지의 삶을 돌아보며 스스로에게 말을 건다면 아마 이런 심정이지 않을까.

고해에는 두 가지가 전제된다. 고백과 용서이다. 정약용의《자찬묘지명》에는 하고 싶지만 끝내 삼켜야 했던 말과 반드시 해야만 하는 말들 사이에서 맴도는 번민을 고백하고, 반생을 갇혀 지낸 스스로에 대한 화해와 용서가 담겨 있다. 정약용은 여유당에서 자신의 삶이 헛되

지 않을까 하는 의심을 부정하지 않으며 그 안에서 삶의 의미를 찾고
자 했다. 그것은 유학의 집대성이었다. 그리고 송보이자 열수이며, 다
산으로서의 시간 모두를 품으며 스스로를 다독였다. 《논어》에 "불원
천 불우인不怨天 不尤人"이라는 구절이 있다. 여유당은 현실을 담담하게
받아들였고, 어떤 원망도 변명도 하지 않고 살아갔다. 살아내었다.

  다산의 삶을 이중 인화할 수 있었음은 내 삶의 수확이기도 하다. 다
산은 고백했다. "나는 죄인이다. 지금까지 나의 인생은 뉘우침으로
점철되었다." 유배에서 해제되니 나이 예순이 된 노사상가는 자신의
일생을 반추하면서 빛났던 어제에 침잠하지 않고, 담담하게 내일로
나아가고자 했다. 그 용맹정진이 나의 마음을 울렸다.

  다산은 스스로 묘지명을 지으면서, 마지막 부분에서 이렇게 고백하
고 어제와 화해한다.

  내 나이 예순이다. 나의 인생, 한 갑자甲子 60년은 모두 죄에 대한 뉘우침
  으로 지낸 세월이었다. 이제 지난날을 거두려고 한다. 거두어 정리하고
  생을 다시 시작하려고 한다. 진정으로 올해부터 빈틈없이 촘촘하게 내
  몸을 닦고 실천하며, 저 하늘이 나에게 던지는 지상의 명령, 나의 본분이
  무엇인지 돌아보면서 여생을 마치리라.

  "이제 지난날을 거두어 정리하고 생을 다시 시작하려고 한다"라는
대목을 풀어쓰면서, 나는 주책없게 눈물을 흘렸다. 그는 그렇게 고해

를 건넜으면서도, 그럼에도, 여전히 삶에 거는 기대가 컸다.

●

　이 책은 정약용의 《자찬묘지명》을 바탕으로 그의 삶을 복원하려고
한 시도다. 원문 그대로를 충실히 번역하는 데에서 발걸음을 멈추지
못 하고, 그의 고해성사를 들으며 그 또한 나와 같다며 공감하고 감히
연민하며 옮기고 붙인 해석이다. 나의 목소리가 정약용의 고백을 덮
지는 않을까 저어한다.

　우리는 스스로에게 부끄럼 없는 삶을 살고 싶지만 시대가 나를 휘
감고 내가 시대에 살고 있는 한, 삶에서 비겁해질 수밖에 없다. 늙어
간다는 것은 생의 비겁함을 인정하고, 화해하는 것이다. 정약용의 지
적이 아니라도 우리 모두는 결국 고해할 수밖에 없는 스스로에 대한
죄인이고, 또 다른 정약용이다. 다만 지난날을 거두어 정리하고, 살얼
음을 걷듯 두렵지만 그럼에도 내일을 새롭게 시작하려는 그의 불꽃과
같은 용기를, 고백과 용서를 떠올린다.

2016년 입춘立春을 기다리며
남양주 청옹정사清瓮精舍에서
신창호

정약용의 가계도

잠성 김씨
(셋째어머니)

의령 남씨
(첫째어머니)

채제공

정약황 — 누이 — 채홍근 — 정약현 — 경주 이씨 — 정약종 — 유소사

이벽
(정약현의 처남)

황사영 — 정명련

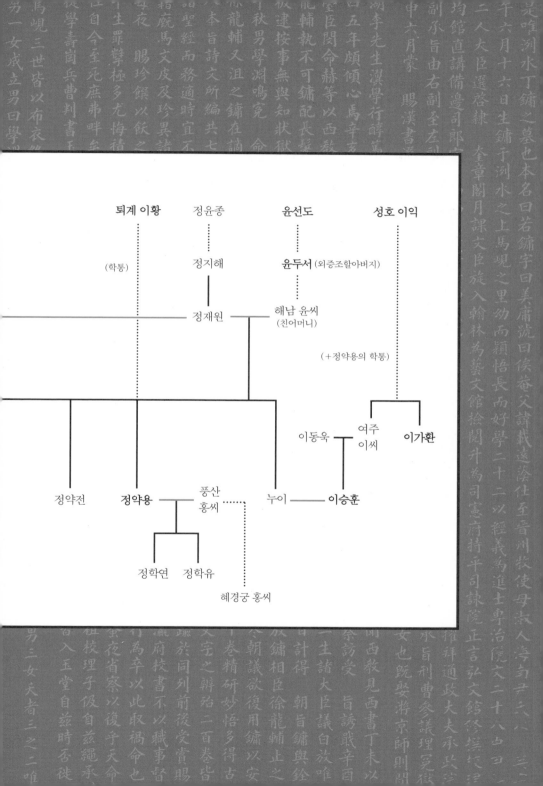

퇴계 이황　　정윤종　　　윤선도　　　성호 이익

(학통)　　　　정지해　　　윤두서 (외증조할아버지)

정재원　　　해남 윤씨
　　　　　　(친어머니)

　　　　　　　　　　　(+정약용의 학통)

　　　　　　　　　　　　이동욱　여주　이가환
　　　　　　　　　　　　　　　이씨

정약전　　정약용　풍산　　　누이　　이승훈
　　　　　　　　　홍씨

　　　　정학연　정학유

　　　　　　　혜경궁 홍씨

1부

나 선비의 아들 영수

與猶堂

나의 죽음 이후를 쓰다

●

나는 나의 삶을 연민한다.

　유배라는 이름으로 오랫동안 영어圄圄의 세월을 보냈다. 이런 처지에 묶인 나의 삶을 옹호해줄 이 만나지 못 했고, 감히 기대할 수도 없다. 이 누추한 한강가에 나를 비춰본다. 한강을 열수洌水라고 하니 나 또한 나를 열수로 부를 수밖에 없다.

　내가 떠나면 무덤에 누가 비석 하나 세워줄런가. 없다. 나를 기억해줄 이 하나 없다. 나에 대한 연민의 온기가 사라지기 전에 내 모든 것을 간략하게나마 기록한다. 그리고 그것이 내가 떠난 후에 새겨졌다가, 종국에는 스러지기를 소망한다.

살얼음 위를 걸었던 삶

●

나의 이름은 약용若鏞이다. 자字는 미용美庸으로, 송보頌甫라고도 한다. 호號는 사암俟菴이다. 많은 이들이 나를 다산茶山으로 부르며 나쁘지 않은 학자로 평가해준다. 과분할 따름이다.

나의 당호堂號는 여유당與猶堂이다. 나의 문집 또한 《여유당전서》이다. 이름이란 내 것이지만 내가 그 이름의 주인은 아니다. 하여 스스로 지은 모든 이름에는 사연이 있기 마련이다. 나 또한 여유당이라 이름 붙인 연유가 있다. 판본에 따라 차이는 있으나 《도덕경》15장을 보면 "여혜, 약동섭천與兮. 若冬涉川, 유혜, 약외사린猶兮. 若畏四隣"이라는 글귀가 있다. "신중하도다, 겨울에 살얼음 냇가를 건너듯. 조심하도다, 세상 사람을 두려워하듯"으로 정리된다. 그 뜻을 새겨 앞 글자인 '여與'와 '유猶'를 가져와 이름으로 삼았다.

《도덕경》은 바라보는 이에 따라 다르게 풀이된다. 허나 어느 《도덕경》이라도 첫머리는 '선비[士]'와 인간의 길을 제대로 걷는 사람으로 시작한다. 선비로서 나를 정돈하기 위해 호를 지으면서 그것에 스스로를 투영해보았다. 그리고 내가 갔던 삶과, 내가 가려 했던 삶에 대해 반추한다.

고지선위사자古之善爲士者,

미묘현통, 심불가식微妙玄通, 深不可識.

부유불가식, 고강위지용夫唯不可識, 故強爲之容.

여혜, 약동섭천與兮, 若冬涉川,

유혜, 약외사린猶兮, 若畏四隣.

엄혜, 기약객儼兮, 其若客,

환혜, 약빙지장석渙兮, 若氷之將釋.

돈혜, 기약박敦兮, 其若樸.

광혜, 기약곡曠兮, 其若谷.

혼혜, 기약탁混兮, 其若濁,

숙능탁이정지서청孰能濁以靜之徐淸.

숙능안이동지서생孰能安以動之徐生.

보차도자불욕영保此道者不欲盈.

부유불영, 고능폐불신성夫唯不盈, 故能蔽不新成.

　　옛부터 인간의 길을 제대로 걷는 사람은 숨겨져 있으면서도 빼어나고, 그윽하면서도 환히 비춰 그 깊이를 알 수 없다.

　　진정으로 알 수가 없기에, 억지로 이렇게 형용할 뿐이다.

　　신중하도다, 겨울에 살얼음 냇가를 건너듯.

　　조심하도다, 세상 사람을 두려워하듯.

　　공손하도다, 단정한 손님처럼.

풀리도다, 막 녹으려는 얼음과 같이.

두텁도다, 생긴 그대로의 통나무처럼.

비었도다, 텅 빈 골짜기 같이.

섞였도다, 혼탁한 물처럼.

누가 그 혼탁한 물을 가라앉혀 차츰차츰 맑게 할 수 있으랴.

누가 저 고정된 사물을 움직여 차츰차츰 살게 할 수 있으랴.

차츰 맑아지고 차츰 살게 할 수 있는 길을 보존하는 사람은 채우려 하지 않으리.

오직 채우려 하지 않기에, 해지면서도 새로 이루려 하지 않을 수 있도다.

나의 뿌리와 이파리

●

인간에게는 모두 근본이 있다. 나 또한 그러하다. 나의 아버지는 휘諱가 재원載遠이다. 대과를 거치지 않고 음사蔭仕로 벼슬길에 올랐다. 아버지는 내가 태어난 1762년(영조 38) 진사에 합격했다. 그리고 선왕(영조) 앞에서 강론할 수 있는 특별한 기회를 얻었다. 그 자리에서 아버지는 《예기》 〈제의〉를 강론했고, 선왕께서 이를 들으시고 급제하지 않았음에도 교지를 내려 벼슬을 하사하셨다.

아버지는 훌륭한 선비다. 자식 된 도리로서가 아니라, 나는 아버지를 호명할 때마다 언제나 당당함이 차오른다. 벼슬에 나아가서는 연천현감, 화순현감, 예천군수, 진주목사 등 지방의 수령을 역임했고, 중앙에서도 호조좌랑과 한성서윤 등을 지냈다. 아버지가 어찌 활동했는지 자세하게 알지는 못 한다. 다만 1787년(정조 11), 아버지가 한성서윤에 재직하고 있었을 때를 떠올린다. 아버지는 임금 앞에서 아뢰었다. 이때 임금(정조)께서는 아버지의 거동이 단정하고 대답이 분명하다며 깊이 신임하셨다. 높은 관직에 등용하기 위해 성균관에서 시행하던 과거를 응시하도록 배려도 하셨다. 그러나 아버지는 시험장에 들어가기를 부끄럽게 여겨 나서지 않았다. 대신 지방 수령으로 백성을 보살피면서 임금의 은혜에 보답하겠다는 뜻을 밝혔다. 아버지는 스스로를 알고 삼가며, 지조를 지키는 겸허한 분이다.

어머니 숙인淑人은 해남 윤씨이다. 1762년(영조 38년) 6월 16일에 남한강가의 마현리馬峴里(오늘날 남양주시 남한강의 팔당댐 언저리)에서 나를 낳았다. 당시 청은 건륭乾隆(1735~1796) 시기였다.

어머니는 고산 윤선도孤山 尹善道(1587~1671)의 후손인 공재 윤두서恭齋 尹斗緖(1668~1715)의 손녀다. 윤두서는 당신들에게 자화상으로 유명한 그 분이 맞다. 외할아버지의 아버지니까 외증조가 된다.

아버지는 모두 세 분의 부인을 맞았다. 내게 큰어머니가 되는 첫째 부인은 의령 남씨로, 안타깝게도 스물넷에 돌아갔다. 그분 슬하에 약현 형님이 있다. 형 약현은 이벽李蘗(1754~1785)의 누이에게 장가를 들었다. 하여 나는 약현 형님의 처남인 이벽과 가까이하며 나의 학문에 큰 영향

윤두서필산수도尹斗緖 筆 山水圖. 국립중앙박물관 소장

을 받았다. 이벽의 누이인 큰 형수는 내게 어머니와 다름없는 분이다.

아버지의 둘째부인이 바로 나의 친어머니인 해남 윤씨이다. 어머니는 슬하에 약전·약종 형님과 나, 그리고 누나를 두었다. 형제 가운데 유일하게 내게 누나인 분은 훗날 이승훈李承薰(세례명 베드로, 1756~1801)에게 시집을 간다. 이 인연으로 이승훈은 나의 자부가 된다.

내 나이 아홉인 1770년, 친어머니가 돌아갔다. 그리고 삼 년 뒤 서울에 있을 때 아버지는 당시 스물이던 작은어머니 김씨를 집안으로 들였다. 작은어머니 또한 나를 친자식처럼 돌봐줬다. 작은어머니는 동지중추부사를 지낸 김의택의 딸로 동생 약황을 비롯해 슬하에 1남 3녀를 두었다. 큰딸은 문숙공 채제공文肅公 蔡濟恭(1720~1799)의 서자인 채홍근蔡弘謹에게 시집을 갔고, 둘째는 나주목사를 지낸 이인섭의 서자 이중식에게 시집을 갔다.

나의 학문은 나의 부모와 형제들, 그리고 그들의 혼인관계에 알게 모르게 큰 영향을 받았다. 누이는 조선 최초의 영세교인인 이승훈에게 시집을 갔고, 나는 이승훈의 동생을 며느리로 맞아들였다. 당시 명망이 높던 이가환李家煥(1742~1801)은 이승훈의 외삼촌으로, 존경해 마지않는 성호 이익星湖 李瀷(1681~1763)의 종손이다. 그리고 나에게 처음으로 천주교를 접하게 했던 이벽은 맏형인 약현의 처남이다. 백서사건으로 당신들에게 알려진 황사영黃嗣永(1775~1801)은 약현 형님의 딸이자 나의 조카인 명연의 남편이다. 그러니까 황사영은 나의 조카사위가 되는 셈이다.

唐朝大臣謫居
此島我先祖兵

曹參議之外昇
平都護□時身

내가 딛고 서 있는 터전

●

나는 정씨丁氏이다. 본관으로 삼고 있는 곳은 압해押海이다. 고려시대
말엽에는 배천(오늘날 황해도 연백 지방)에 살았다고 한다.

　배천은 동쪽으로 금천, 서쪽으로 연안, 북쪽으로 평산, 남쪽으로
임진강 하구와 해안선을 접하고 있다. 본래는 고구려의 도랍현이었

滂傳羅
冊是州
渭丁押
政政海
延桑島
本葬有

若
時
仰
相
墓
右

《증원필첩》 가운데. 정씨 내력에 대한 전언을 담았다. 1814년. 청관재 소장

다. 신라 경덕왕 대에 구택으로 고쳐 해고군의 영현으로 불렀으며 고려 초에 백주로 다시 고쳤다. 1018년(고려 현종 9년) 평주에 예속시켰고, 그 뒤 이름이 두 번 바뀌었지만 1369년(고려 공민왕 18)에 다시 백주가 되었다. 1413년(태종 13) 임금께서 배천으로 이름을 바꿔 군으로 승격시켰고 경기도에서 황해도로 이속되었다. 배천이라는 지명은 이곳에 있는 온천의 뜨거운 물에서 비롯된 것이 아닐까 한다. 이곳은 서울

과 의주를 연결하는 의주로가 지나는 교통의 요지이기도 하다. 예성 강 하구에 벽란도가 있었고, 금곡포에 있었던 금곡창은 해주를 위시 해 12읍의 세곡을 모아 경강으로 보냈다. 해안 지방에는 미라산·봉재 산 봉수가 있어 개성과 이어진다.

이 나라가 건국되고 한양漢陽으로 도읍을 정하면서 나의 선조는 한 양으로 터전을 옮겼다. 선조 가운데는 높은 벼슬을 받아 나라를 위 해 일한 분들이 많다. 처음으로 벼슬을 한 분은 승문원 교리承文院 校理 를 지낸 자급子伋이다. 이를 이어받아 홍문관 부제학弘文館 副提學을 지 낸 수강壽崗, 병조판서를 지낸 옥형玉亨, 의정부 좌찬성議政府 左贊成을 지 낸 응두應斗, 대사헌大司憲을 지낸 윤복胤福, 강원도 관찰사를 지낸 호선 好善, 홍문관 교리弘文館 校理를 지낸 언벽彦璧, 병조참의兵曹參議를 지낸 시 윤時潤 등이 모두 옥당玉堂(조선 삼사三司의 하나인 홍문관)에 들어갔다.

다만 그 뒤로는 시절을 잘못 만난 탓인지, 아니면 운이 맞지 않았던 것인지 벼슬길이 막혀 마현리로 옮겨 살았다. 내 윗대 할아버지들, 삼 대가 모두 야인 신세인 포의布衣로 인생을 마쳤다. 고조부의 휘는 도 태道泰이고, 증조부의 휘는 항신恒愼이며, 조부의 휘는 지해志諧이다. 이 들 가운데 증조부만이 겨우 진사進士를 했다.

몇 대째 변변한 벼슬길에 나서지 못 하고, 나라의 녹을 먹는 관리로 서 행세行世도 하지 못 했다. 내가 태어날 무렵 나의 가문은 조금 빛바 랜 곳이었다.

나의 학문이 시작된 때

●

비로소 나의 삶을 이야기할 수 있게 되었다. 기억이 시작될 무렵을 더듬는다. 그때 나는 이미 문자를 제법 알았고 글을 할 줄도 알았다. 다만 나이 아홉에 어머니를 떠나보낸 이후 열 살이 되어서야 비로소 학문에 힘쓰게 되었다. 이 무렵 5년간 아버지는 벼슬을 하지 않고 나와 함께 지냈다. 나는 아버지의 격려와 도움을 받으며 경사經史와 고문古文을 부지런히 읽을 수 있었다. 특히 시를 공부하며 많은 칭찬을 받았다. 내 삶의 입춘 무렵인 15세때 지었던 시를 떠올린다. 공자가 '15세에 배움에 뜻을 두었다'는 '지우학志于學'을 본떠 삶의 입지立志를 다지려는 의도를 통해 유학의 본령을 담고자 했다. 지금 보니 면구할 따름이다.

인생처양간人生處兩間　사람이 태어나 하늘과 땅 사이에 살며
천형내기직踐形乃其職　도리 따라 몸 바르게 함이 삶의 임무라네.
하우민천량下愚泯天良　어리석은 자 타고난 양심 저버리고
필세영의식畢世營衣食　평생을 먹고 입는 일에 바친다네.
효제식인본孝弟寔仁本　효도와 우애는 인을 하는 근본이고
학문수여력學問須餘力　학문은 실행 후 남은 힘으로 한다네.
약부불각려若復不刻勵　다시 부지런히 힘쓰지 않고
임염상기덕荏苒喪其德　세월만 보내면 덕마저 잃을 걸세.

한창 공부를 해야 할 때 평생을 함께할 사람과 마주했다. 마침 아버지도 벼슬길에 다시 올랐던 터였다. 아버지는 호조좌랑戶曹佐郎으로 서울에 거했다. 덕분에 혼인 후에도 아버지에게 붙어서 살았다. 삼대째 벼슬을 받지 못 하고 있었는데, 아버지 대에 이르러 가문의 기운이 다시 뻗어가려는지 집안에 행운이 다가오는 듯했다.

이 무렵 이가환 선생은 문필과 학문으로 세상에 명성을 떨치고 있었고, 자부 이승훈이 몸을 단속하고 뜻을 가다듬으며, 함께 성호 이익 선생의 학문을 익히고 있었다. 그 사이에서 나 또한 성호 선생의 저술을 보며 흔쾌히 학문에 매진하기로 마음을 먹었다.

성호를 좇다

당신들은《성호사설星湖僿說》을 들어봤을 것이다. 이익은 그 책의 저자이다. 이가환은 성호의 종손이고, 자부 이승훈은 이가환의 조카다. 이런 집안 내력도 무시할 수는 없겠으나 그들이 성호의 학문을 익히려는 이유는 간단했다. 성호가 지닌 깊고 넓은 학문, 그 열린 마음과 늘 새로운 생각 때문이었다. 나는 그들과 결이 비슷했기 때문에 성호의 학문에 끌릴 수밖에 없었다.

나는 성호 선생이 학문에 매진할 수 있었던 기반이 부러웠다. 선생은 벼슬에 나아가지 않고 고향에 칩거하면서 학문에만 전념할 수 있었다. 1678년(숙종 4) 그의 아버지가 진위 겸 진향사로 연경燕京에 들어갔다가 귀국하며 가지고 온 수천 권의 서적이 있었기 때문이다. 선생은 선현의 언행을 낱낱이 기억했고 일찍부터 시나 문을 잘 외었다. 《소학》, 《대학》, 《논어》, 《맹자》, 《중용》, 《근사록》 등을 읽고, 《심경》, 《역경》, 《서경》, 《시경》을 거쳐 정주학, 퇴계退溪(이황)의 학문 등을 탐독해 이윽고 유학에 능통했다. 선생은 해박한 이론을 바탕으로 사서삼경과 《근사록》, 《심경》 등 여러 경서에 대한 질서를 잡고, 퇴계의 언행록인 《이자수어李子粹語》를 편찬했다. 나아가 주자학으로 침잠하는 당시 학풍에서 벗어나 공자와 맹자의 본래 말씀을 회복하려고 했다. 그것은 단순한 부흥이 아니라 학문의 현실적 혁신이었다. 또한 율곡栗谷(이이)과 반계 유형원磻溪 柳馨遠(1622~1673)의 학풍을 존중하며, 당시 실정에 깊은 관심을 가지고 현실을 해결할 수 있는 문제의식과 실천 방법을 갖춰야 진정한 학문이라고 보았다. 문장이나 이론을 중시하고 예론에 치우치며 주자학에 구애되는 풍조와는 사뭇 달랐다.

당시는 왜란과 호란이라는 큰 전쟁을 연이어 겪고 난 직후였다. 중국은 명이 쇠하고 청이 건국되면서 사회가 요동치고 있었고, 세계를 바라보는 눈과 역사에 대한 의식도 이전과는 확연히 달라지고 있었다. 특히 중국을 통해 전래된 서학에 대한 관심이 높아졌다. 천문, 역산, 지리, 천주학 등 한문으로 번역된 서학 관련 도서들이 상당히 알려졌고 만국전도와 망원경, 서양화 등 서양의 문물을 직접 접하면서 세계의 범위가 확대되고 있던 시기였다. 중화 중심의 세계관과 인간관을 벗어나 합리적이고 실증적인 시야를 지니게 되었던 때도 이 무렵부터였다. 새로운 학문이 연 새로운 세계는 당시 학문과 사회에 반성을 요청했다. 성호 선생은 이를 바탕으로 훌륭한 덕망을 지닌 지도자가 왕도정치를 해야 한다는 유학의 본질에 뿌리를 내리면서도, 현실적으로는 조선 사회가 새로워지는 개혁을 좇았다. 선생은 주자학에 대한 재성찰을 통해 조선의 현실에 맞는 개혁을 주장했다. 중국 사회의 변화 또한 조선 사회에 많은 고민거리를 안겨주던 때이기도 했다.

이가환을 그리다

이가환 선생이 익히고 있던 학문이 바로 이러한 성호의 사상이었다. 이가환은 1742년(영조 18)에 출생해 조금 늦은 나이인 29세에 진사가 되었고, 35세에 급제해 이듬해인 36세에 비인현감으로 벼슬길에 올랐다. 나보다는 스무 살이나 손위다. 자부 이승훈은 바로 그의 조카다. 선왕께서 '정학사貞學士'로 부르실 만큼 인정을 받은 대학자였다. 특히 천문학과 수학에 정통해 스스로 "내가 죽으면 이 나라에 수학의 맥이 끊어지겠다"라고 할 만큼 수학의 대가였다.

선생이 마흔둘이 되던 해인 1784년(정조 8)에 조카 이승훈이 북경에서 천주교 세례를 받고 귀국했다. 이에 함께 학문을 익히는 이들 또한 서학에 관심을 가지게 되었다. 천주교에 대한 학문적 관심과 우려가 함께 일어나면서 선생은 당시 천주학 이론가이던 이벽과 논쟁을 벌였는데, 훗날 그에게 설득되어 천주교인이 되었다. 선생이 천주교인이 된 다음에는 이벽에게 천주교 입문서와 《성년광익聖年廣益》 등의 서적을 빌려 진지하게 읽고 제자들에게 포교까지 했다. 그러나 7년 뒤인

1791년, '신해박해辛亥迫害'가 일어났다. 조선 땅에서 처음 벌어진 천주교인 박해였다. 선생은 교리 연구를 중단할 수밖에 없었다. 오히려 광주부윤으로 일하면서 천주교를 탄압하는 데 앞장섰다. 이후 성균관 대사성, 개성유수, 형조판서 등의 고위직을 지냈지만 4년 뒤에 조선 최초의 외국인 신부인 주문모周文謨(1752~1801)의 입국 사건에 연루되어 충주목사로 좌천되었다.

그는 그곳에서도 천주교인을 탄압하다가 결국 파직되었다. 그 뒤 다시 천주교를 연구하는 길로 들어섰고, 1801년 천주교인들을 대대적으로 박해하던 신유박해때 옥사했다. 나 또한 이때 연루되어 첫 번째 유배를 받게 되었고, 셋째 형인 약종若鍾(세례명 아우구스티노, 1760~1801)과는 이 세상에서 헤어지게 되었다.

시기가 무르익어갈 무렵, 1777년(정조 원년) 아버지가 화순현감和順縣監으로 나가게 되었다. 나도 따라 그곳으로 갔다가, 그 이듬해에 동림사東林寺에서 글을 읽었다.

1780년 봄에 아버지는 예천군수醴泉郡守로 자리를 옮겨갔다. 덕분에 진주晉州를 유람하고, 예천으로 와서 황량한 향교에서 글을 읽었다.

1782년 가을, 봉은사奉恩寺에서 경전의 의미를 파악하고 과거 시험에 필요한 글을 익혔다.

결혼 후 나의 10대는 이가환과 성호를 좇으며, 서울에서 시작해 전라남도 화순, 경상남도 진주와 경상북도 예천을 거쳐 다시 서울에서 과거를 준비하는 가운데 그야말로 흘러가버렸다.

이승훈을 소개하다

이제 자부 이승훈에 대해 한마디 덧붙여야 할 것 같다. 이승훈은 조선 최초로 천주교 영세를 받은 사람으로 이름이 알려졌다. 자부는 1856년 서장관書狀官이던 이동욱의 자제로 강원도 평창에서 나보다 여섯 해 먼저 세상을 보았다. 훌륭한 남인南人 가문의 자제로, 어려서부터 재주가 뛰어나 약관 무렵부터 유명한 학자들과 사귀었다. 자부는 내가 아버지를 따라 진주와 예천을 돌아다닐 무렵, 나이 스물넷에 진사에 합격했다. 이 무렵 남인들 사이에는 북경으로부터 들여온 천주교가 학문으로 연구되고 있었다. 그리고 이들 사이에서 천주교가 학문에 대한 연구를 넘어 실천철학으로 받아들여지면서 신앙의 단계로 접어드는 움직임이 있었다.

봉은사에서 경전을 읽으며 과거 공부를 하던 시절이니 돌이켜보면 아련하다. 1783년(정조 7) 자부는 동지사 겸 사은정사 황인점의 서장관이 된 아버지를 따라 북경에 가기로 결심했다. 이 여행은 당시 남인들 가운데에서도 열렬히 천주교를 연구하던 이벽과 셋째형 약종, 그리고 나의 주선에 의한 것이었다. 북경으로 떠나기 전에 이벽은 자부를 찾아가 간절히 부탁했다.

북경에 가거들랑 천주교 성당에 가서 구라파에서 온 신부들을 만나게. 그리하여 천주교의 모든 것에 대해 물어 교의의 깊고 참된 뜻을 밝히고 교리의 실천 방법을 자세히 살펴봐 주게나. 또 돌아올 때 필요하고 중요한 교리에 관한 책도 구해주기를 간곡히 부탁하네. 인간이 죽느냐 사느냐, 영원토록 행복하느냐, 불행하느냐의 큰 문제가 자네에게 달려 있네.

자부는 1783년 10월 14일 한양을 떠나 12월 21일 북경에 도착했다. 그리고 40여 일 동안 북경에 머무르면서 당시 천주교의 핵심 근거지였던 남당에서 필담으로 교리를 배웠다. 이듬해 1월 자부는 그라몽 Louis de Grammont 신부로부터 영세를 받고, 조선 천주교의 주춧돌이 되라는 의미에서 베드로Peter라는 영세명을 받았다. 베드로는 반석盤石이라는 뜻이라고 한다.

1784년(정조 8) 3월 24일 자부는 수십 종의 교리서와 십자가상, 묵주 등 천주교의 귀중한 물건들을 가지고 한양으로 돌아왔다. 그리고 이듬해 봄, 자부는 명례동(오늘날 서울 명동) 김범우의 집에 교회를 세웠다. 조선 최초의 천주교회이다. 여기에서 이벽, 이가환과 약전 형, 약종, 그리고 나, 이렇게 우리 삼형제와 더불어 주일 미사와 설법을 행했다. 아울러 자부는 천주교 교리서를 한글로 번역해 널리 반포했다.

나의 벗, 나의 성균관

여름날 무서운 것 없이 무성한 나무와 같았던 성균관 시절을 짚어본다. 자부가 교회를 세울 무렵인 1785년(정조 9) 봄이었다. 나는 경전의 뜻을 파악하는 시험을 통해 진사가 되었다. 그리고 그 자격으로 성균관에서 학문을 연마했다. 성균관은 향시鄕試에 합격해 생원이나 진사의 자격을 얻은 이들이 주로 입학하는 곳이다. 학문적으로 검증을 받은 젊은 학자들을 모은 곳이라고 할 수 있다. 국가에 하나밖에 없는 교육기관이다 보니 각 지역을 대표하는 출중한 학자들이 교유했다. 성균관은 벼슬길에 나서 임금을 충실히 보필한 이들을 많이 배출했다. 그래서 성균관 유생이 된다는 것은 상당 부분 출세를 보장받은 것이라고 해도 과언이 아니었다.

내가 성균관에 막 들어갔을 때, 당시 임금께서 《중용강의中庸講義》 80여 조목에 뜻을 풀이하도록 이르셨다. 이때 함께 성균관에 다니고 있던 나의 벗 이벽은 학식이 넓고 성품이 우아하기로 이름이 높았다. 나는 그이와 함께 의논해 《중용강의》 80여 조목의 내용을 하나씩 대조하며 풀이에 임했다. 다만 성리학의 핵심 논쟁 가운데 하나인 리발理發과 기발氣發에 이르자 의견이 조금 어긋났다. 이벽은 퇴계 선생의 말씀을 좇았다. 우연하게도 나는 율곡 선생의 논의와 합치되는 풀이를 했다. 임금께서는 이를 지켜보신 다음 나를 칭찬하셨고, 학문을 강론할 때에도 나를 최고로 삼으셨다. 그러자 도승지를 맡고 있던 김상집金尙集이 사람들에게 이렇게 일렀다.

"약용이 이와 같이 주상전하의 칭찬을 받았으니, 반드시 크게 이름을 떨칠 걸세!"

중용을 고민하다

나의 성균관 생활은 운이 좋았다. 연배도 위인 데다 인품도 뛰어난 이벽과 같은 훌륭한 벗이 있어 더불어 학문을 익힐 수 있었다. 들어간 지 얼마 되지 않은 시점부터 나의 앞날은 탄탄대로일 것이라 생각했다. 그때는 당연히 그렇게 되리라 생각했다.

《중용강의》의 풀이와 해설에서 제시한 사단四端과 칠정七情, 리발理發과 기발氣發을 바라보기 위해서는 보다 많은 고민이 필요하다. 사단은 인의예지仁義禮智의 발단인 측은지심惻隱之心, 수오지심羞惡之心, 사양지심辭讓之心, 시비지심是非之心의 네 가지 마음이다. 측은지심은 가슴 쓰라리게 아파하며 긍휼하게 여기는 마음이다. 수오지심은 수치를 느끼는 마음이며, 사양지심은 양보하는 마음, 시비지심은 옳고 그름을 판별할 줄 아는 마음이다. 모두 어른으로서 마땅히 가져야 할 마음가짐이다. 칠정은 사람이 지닌 일곱 가지 감정으로 희喜, 노怒, 애愛, 구懼, 애哀, 오惡, 욕慾을 이른다. 각각 기쁨, 성냄, 사랑함, 두려움, 슬픔, 미워함, 욕망을 가리킨다. 퇴계 선생과 율곡 선생이 사단과 칠정이 리와 기 가운데 어느 영역에 속하는지, 그것이 어떤 양식으로 펼쳐지는지를 논의한 학설에는 사뭇 새겨야 할 의미가 있다. 세계와 인간을 어떻게 바라봐야 하는지, 그에 따라 어떤 삶을 겪어야 하는지에 대한 처신과 직결되기 때문이다.

그때 내가 풀이한 내용은 《여유당전서》에 자세하게 실어놓았다.

임금께서 물으셨다.

"우리 유학자에 의하면, '인심人心과 도심道心을 구별하여 "리와 기는 서로 녹아들어가 있어 원래 서로 나눌 수 없다. 허나 '펼쳐지는 것은 기이고 펼쳐지게 만드는 원인은 리이다'라고 하였다. 어떻게 리가 펼쳐지는 '리발'과 기가 펼쳐지는 '기발'의 차이가 있겠는가? 도심은 기를 떠날 수 없다. 허나 펼쳐지는 것이 도심이므로 성명性命에 속한다. 인심 또한 여기에 근본하고 있다. 하지만 펼쳐지는 것이 입이나 몸과 같은 감각 기관을 위하기 때문에 형기形氣에 속한다'라고 하였다.

'펼쳐지는 원인'이니 '펼치게 하는 것' 등을 말하는 근거는, 리가 있기 때문에 펼쳐질 수 있으나 기가 없으면 펼치지 못 한다는 이야기이다. 이렇게 볼 때, 리와 기는 원래 서로 나눌 수 없다는 말로 결론을 내릴 수 있다. 그렇다면 일설에 '사단은 리발에 속하고 칠정은 기발에 속한다'라는 논의는 무슨 이야기인가?"

이에 대해 나는 진지하게 아뢰었다.

"사단은 리발에 속하고 칠정은 기발에 속한다"는 논의에 대해 일찍부터 의문을 품어 왔사옵니다. 이런 저런 군더더기에 빠지지 않고, 차분하게 앉아 이를 검토해 보면 쉽게 간파할 수도 있으리라 생각하옵니다.

기란 자유롭게 저절로 있는 존재이고, 리는 의지하여 붙어다니는 존재이옵니다. 그러므로 리는 반드시 자유로운 기에 의지하기 마련입니다. 하여 '기발'이라 말하고, 거기엔 리가 있게 마련이옵니다. 이런 곡절에서 '기가 펼쳐지고 리가 그것에 의지하여 타고 있다'라는 '기발이리승지氣發而理乘之'

가 성립될 것이옵니다. 허나 '리가 펼쳐지고 기가 그것을 따르고 있다'라는 '리발이기수지理發而氣隨之'는 성립되지 않사옵니다.

리는 스스로 자신이 자리할 근거를 둘 수 없기 때문에 먼저 펼칠 수 있는 방법이 없다. 그러므로 펼치기에 앞서 리가 있다고 해도 펼쳐져 나올 때는 반드시 기가 앞선다. 조선의 유학자가 하는 "펼치게 하는 것은 기이고, 펼쳐지는 원인은 리이다"라는 말은 참으로 정확한 것이다. 어느 누가 그 말을 뒤바꿀 수 있겠는가?

감히 말한다면, 사단과 칠정은 '기가 펼쳐지고 리가 그것을 타는 기발이리승氣發而理乘'이다. 결코 리와 기를 나누어서는 안 된다. 사단칠정뿐만 아니라 하나의 초목의 생태 안, 조수의 동작 하나하나까지도 '기발이리승'으로 이뤄지지 않는 것이 없다.

그 전 해(1784년)에 이덕조는 이렇게 말했다.

리자와 기자의 원래 의미로 논의해 본다면, '기발이리승'과 같은 그런 이야기가 근사하다고 할 수 있다. 그러나 성리학자들이 말하는 것에 근거하여 분석해 보면, 리는 도심이고 기는 인심이다. 마음이 본성의 신령스러움에서 발생되는 것은 리발이고 마음이 몸체의 감각기관에서 발생되는 것은 기발이다. 이렇게 말한다면, 퇴계 선생의 이론이 매우 정미하므로 율곡의 이론이 그것을 따를 수 없다.

이러한 그의 견해는 매우 그릇된 것으로 보인다.

다시 중용을 고민하다

1801년 여름, 나는 신유박해에 연루되어 경상북도 포항의 장기에서 귀양살이를 했다. 귀양살이라니, 그 말을 올릴 때마다 새삼 한탄한다. 그러나 그때가 내 삶의 전환점임은 분명하다. 이때 그간 밀린 공부들을 할 수 있었다. 〈리발기발변理發氣發辨〉을 지어 퇴계 선생과 율곡 선생의 리기론과 사단칠정에 관해 곱씹어보며 이에 대해 변론한 때도 이 무렵이다.

퇴계 선생께서 말하였다.
"사단은 리가 펼쳐지고 기가 리를 따르고 있다. 칠정은 기가 펼쳐지고 리가 그것에 의지하여 타고 있다."
율곡 선생이 퇴계 선생과 다르게 다음과 같이 말하였다.
"사단과 칠정은 모두 기가 펼쳐지고, 리가 기를 타고 있다."
이를 두고 후세에서는 각각 자신이 들은 말만을 중요시하였다. 어느 것이 옳고 그른지 시비가 끊임없이 일어났고, 서로 거리가 멀어져 어느 한 학설로 귀결하기 어렵게 되었다.
이에 나는 두 분의 글을 자세하게 검토하면서 견해가 다르게 된 연유를 찾아보았다. 두 분의 '리'와 '기'는 그 표기는 같으되 그 지향이 달랐다. 퇴계 선생께선 리와 기를 섞지 않고 오로지 한 측면만을 보셨고, 율곡 선생께선 리와 기를 전체적인 차원에서 조망하셨다. 퇴계 선생께선 그 나름대로 하나의 리기를 논의하였고, 율곡 선생께선 그 나름대로 하나의 리기를 논의한 것이지, 율곡 선생이 퇴계 선생의 논의에 대해 이러쿵저러쿵 말을 보탠 것이 아니다.

퇴계 선생은 오직 인심의 측면에서 구명해 놓았다. 따라서 퇴계 선생이 말한 '리'는 '본연의 성'이자 '도심'이며 '자연의 이치 그대로'이다. '기'는 '기질의 성'이며 또 '인심'이고, '인간의 욕망에 빠지는 일'이다. 사단과 칠정이 발하는 데 공과 사가 나누어지기에 사단은 리발이 되고 칠정은 기발이 된다고 한 것이다.

율곡 선생은 태극으로부터 유래한 이후, 리와 기 전체를 잡고 논의했다. 이를테면 세상의 사물이 발하기 전에는 먼저 리가 있지만, 그것이 발할 때는 기가 반드시 리보다 앞선다. 사단과 칠정에서도 공적인 차원만을 사례로 삼았기 때문에 사단과 칠정을 모두 기가 펼쳐지는 기발이라고 한 것이다. 그러므로 율곡 선생이 말한 리는 바로 형이상이고 만물의 근본 법칙이다. 기는 형이하이고 만물의 형질이다.

퇴계 선생의 말은 촘촘하게 짜여 상세하고, 율곡 선생의 말은 탁 트이고 부드러워 간결하다. 두 분이 주장한 뜻이나 가리킨 말이 다만 각각 다를 뿐이다. 어떤 쪽에도 잘못이 없음에도 억지로 한쪽을 그르다하며 홀로 옳다고 우기고 있으니, 이런 태도 때문에 시비가 끊이지 않고 결론을 내리지 못 하는 것이다. 두 분의 논의 가운데 결론을 찾는

데는 요령이 있다. 한쪽은 부분적인 측면을 말한 것이고, 다른 한쪽은 전체적인 차원을 말했을 따름이다.

사단과 칠정, 리발과 기발은 다음과 같은 차원에서 이해할 필요가 있다. 사단의 큰 줄거리는 리가 펼쳐진 것이다. 이는 본연의 성에서 펼쳐진 것을 말한다. 당 현종이 안록산安祿山의 난(755~763)을 피해 파촉으로 가는 길에 측근들의 요구로 마외역에서 양귀비를 죽였는데, 그때 눈물을 흘렸다고 한다. 한 고조가 손수 장병을 이끌고 묵특을 칠 때 먼저 평성에 다다랐지만, 묵특이 정병 30만을 놓아 백등산에서 고조를 7일간 포위했다. 이때 진평의 계략으로 간신히 풀려난 고조는 평생 그 일을 부끄럽게 여겼다. 당 현종이 양귀비를 죽이고 측은한 마음이 펼쳐진 것과 한 고조가 백등에서 돌아오면서부터 부끄러운 마음이 펼쳐진 것 등은 자연스러운 마음의 발로라고 할 수가 없다.

한편 칠정의 큰 줄거리는 기가 펼쳐진 것이다. 기질의 성에서 펼쳐진 것을 말한다. 그러나 공자의 제자 자로子路가 자기에게 과실이 있다는 말을 들으면 기뻐한 것, 주 문왕文王이 한 번 성내 세상 사람을 편안하게 한 것, 《대학大學》에서 그 뜻을 성실하게 하려는 것과 그 마음을 바르게 하려는 것 등은 개인의 욕망에 의한 감정의 발로라고 할 수가 없다.

그러므로 사단도 내 마음을 근거로 나오고 칠정도 내 마음에 근거해 나오는 것이다. 그 마음에 리와 기의 두 구멍이 있어 각각 그 속에서 리와 기를 따로 내보내는 것이 아니다. 훌륭한 인격을 지닌 사람

은 차분하게 있을 때는 마음을 보존하고 기른다. 일상에서 움직일 때
는 삶을 살펴본다. 한 가지 생각이 발동하면 즉시 두려워해 용기 있
게 '이 생각이 자연스러운 마음의 발로인가, 개인의 욕망의 발로인가.
이 생각이 도심인가, 인심인가'를 반성한다. 그리고 그런 생각을 세밀
하고 절실하게 추구해, 이것이 과연 자연스러운 마음에 맞으면 그것
을 북돋아주고, 불어나게 잘 길러 넓혀서 충실하게 한다. 혹여 개인의
욕망에서 나온 것이면 막아버리고 꺾어버리고 극복해야 한다. 훌륭한
인격을 갖추기 위해 사람들이 입술이 마르고 혀가 닳도록 리발과 기
발 논의에 매진하는 이유도 바로 이를 위한 것이다.

　그러나 진정으로 그 펼치게 된 이유만을 알 뿐이라면, 아무리 이론
에 매달린들 무엇하겠는가? 퇴계 선생은 일생을 두고 마음을 다스리
고 본성을 기르는 공부에만 힘을 쓰셨다. 때문에 리발과 기발을 나누
어 말해 놓고 오직 그것이 밝지 못할까 염려하셨던 것이다. 학자가 이
런 뜻을 살펴서 깊이 체득한다면, 이것이 바로 퇴계를 충실하게 따르
는 길이다.

나는 유학을 공부했다

나는 그 전 해인 1784년 이벽을 따라 한양으로 오는 도중에 두미협에
서 배를 타고 가다 내린 적이 있었다. 이때 처음으로 천주학에 관한
이야기를 공식적으로 듣고 한 권의 서적을 보았다. 아마도 청에서 들
여온 천주학의 핵심을 정돈한 《천주실의》를 훑어본 것 같다.

그러나 이 무렵 나는 오로지 과거 준비에 몰입하고 있었다. 특히 변려문騈儷文을 공부하느라 정신이 없었다. 변려문은 형식미를 강조하는 문체로 글의 형식을 정제하고 음절을 조화시키며 표현을 전아하고 화려하게 만드는 글이다. 나는 그런 문체가 담긴 표表·전箋·조詔·제制 등을 익히고 그것과 관련된 문헌 수백 권을 수집하는 데 나날을 보냈다.

뿐만 아니라 성균관에서 열흘에 한 번씩 보는 순시旬試와 매달마다 보는 시험인 월과月課에서 번번이 높은 성적으로 선발되어 서적과 종이, 붓 등을 상으로 받았다. 그리하여 아주 가까운 신하처럼 자주 임금을 대하며 경연經筵에 나아가게 되어, 다른 일에 마음을 둘 겨를이 없었다. 아무리 가까운 벗인 이벽이 천주교에 관한 이론을 일러주었다고 하더라도 그것에 신경 쓸 틈이 없었던 것이다.

성학십도聖學十圖. 이황이 성리학의 요체를 선조에게 설명하기 위해 만들었다. 1568년(선조 1). 차례대로 태극도, 서명도, 소학도, 대학도, 백록동규도, 심통성정도, 심학도, 인설도, 경재잠도, 숙흥야매잠도. 이 가운데 심통성정도는 천명도에 대한 기대승의 지적을 수용해 수정한 것이다.

2부

나 임금의 신하 악용

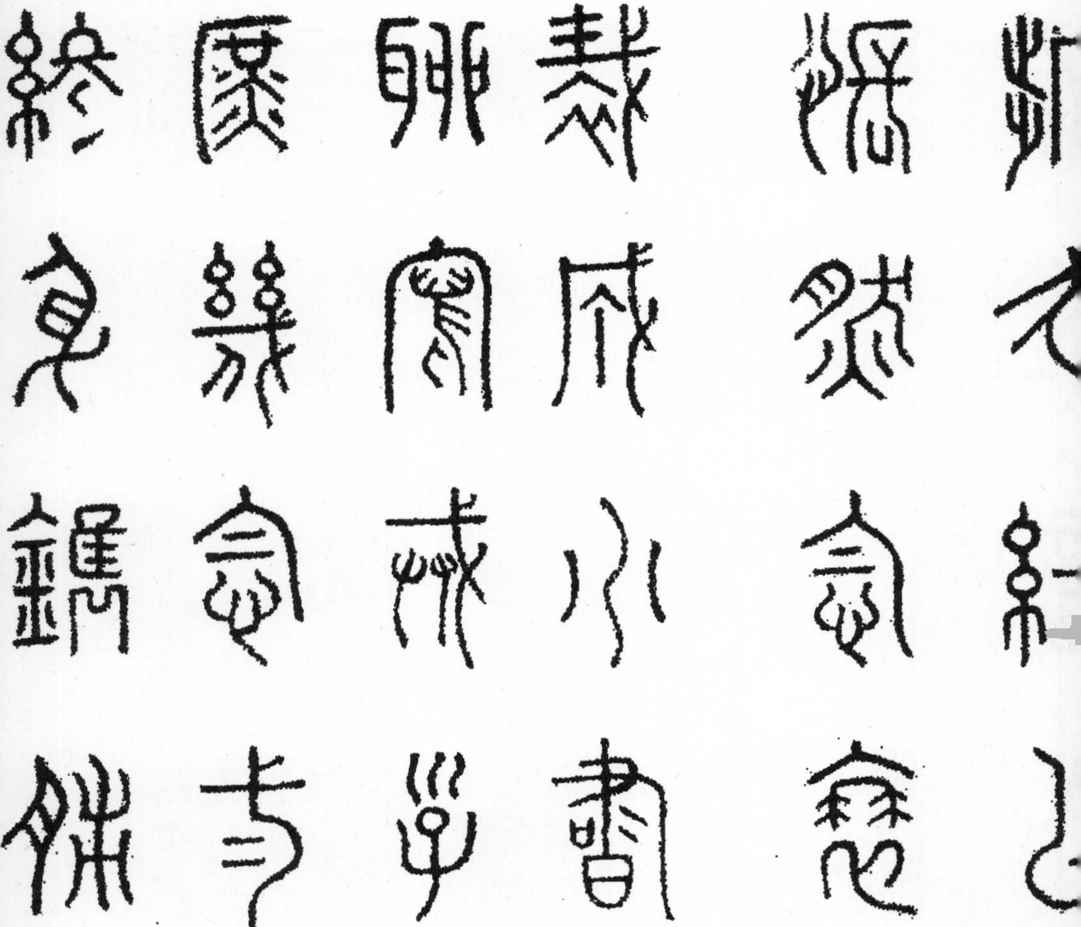

정약용의 〈하피첩〉 가운데. 보물 제1683-2호

與猶堂

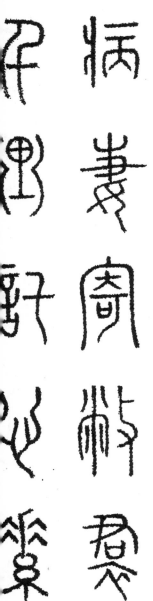

나의 임금을 받들다

●

임금께서는 나를 아끼셨다. 1787년(정조 11)에 들어서
면서 임금께서는 나를 더욱 총애하셨다. 새삼 그때를
더듬으며 나를 부르시던 목소리를 떠올린다.

이 무렵 자주 이기경李基慶의 강정江亭에 나아가 학업을
익혔다. 이기경 또한 천주교를 즐겨 들었는데, 손수 한
권을 뽑아 옮겨 적기도 했다. 하지만 그와 교유한 지
일 년 남짓 되었을 때 관직으로 나아가면서 그와도 갈
라서게 되었다.

1789년 봄, 내 나이 스물일곱 되던 해였다. 성균관
시험에서 표문表文으로 수석을 차지해 급제한 사람과

啓

乾隆五十四年十一月二十日

副司正李東晃　十分半

副司正安廷善　十分

副司果柳㫱　九分半

未準試技

副司果李儒修　三十二分半

副司直洪羲浩　六分

前佐郎沈奎魯　六分

副司正李㝡銖　六分

承政院注書徐有聞　五分半

副司果鄭東觀　四分半

副司果韓商新　一分半

副司果韓致應　半分

초계문신과시방抄啓文臣課試榜. 규장각 초계문신들이 치른 과시 합격자들의 명단.
앞줄 네 번째에 '정약용' 이름이 보인다. 1789년

똑같은 대우를 받게 되었고, 임금 앞에서 최종 시험을 봐 갑과甲科 제2
등, 차석으로 급제했다. 그리고 당시 종7품인 희릉직장禧陵直長을 받고
벼슬아치를 시작하게 되었다. 이어서 곧 대신이 인재를 가려 뽑아 올
리는 데 선발되었다. 규장각 월과月課 문신에 들었던 것이다.

　규장각 문신제도는 임금께서 즉위하신 직후 규장각을 설립하면서
시작되었다. 규장각은 역대 선왕 및 임금 본인의 어진御眞과 저술, 친
필 등을 보관키 위해 만들어진 곳이다. 하지만 실제로는 정치적으로
세를 강화하고 문화적으로 이념과 정책의 연구를 진흥하려는 곳이었
다. 그 구체적인 장치로, 재능 있고 젊은 인재들을 의정부에서 선발해

今巳百年抄

榕文臣課試都計畫榜

藝文館 撿閱 金祖淳　七十九分半
副司正 丁若鏞　八十分
副司正 金羲淳　八十一分
前正言 尹永僖　八十一分
副司正 李基慶　八十一分半
副司果 徐榮輔　七十分
副司正 金履喬　五十四分
副司果 尹光顏　四十九分
副司果 李相璜　四十二分半
兵曹佐郎 朴崙壽　四十分
副司果 李威觀　三十五分半
副司果 宋祥濂　三十一分
副司果 張錫胤　二十九分半
副司果 兪漢寗　二十七分
副司果 鄭晩錫　二十二分半

임금께 아뢴 다음 규장각에 소속시켜 학문을 연마하게 했다. 나는 바로 거기에 선발된 것이다.

나는 승승장구했다. 다음해(1788) 봄 김이교와 한림翰林에 천거되어 예문관 검열藝文館 檢閱이 되었다. 하지만 무슨 이유 때문인지 주변에서 말이 많아 스스로 그 자리를 나가지 않았다. 그러자 그 다음으로 사헌부 지평司憲府 持平, 사간원 정언司諫院 正言이라는 중요한 자리에 올랐다. 월과에서 수석을 차지한 덕분에 임금께서 말과 호랑이 가죽을 하사하며 총애하셨다.

임금께서 시험하시다

1790년(정조 14) 겨울, 임금께서 명하시니 밤까지 상의원에 있었다. 그곳에서 《논어》를 읽고 있는데, 규장각의 서리가 찾아와 소매에서 종이 하나를 내어 보이며 말했다.

"이것은 내일 경연에서 강의할 장章입니다."

깜짝 놀라 이렇게 말했다.

"주상전하의 강원講員으로 어찌 엿볼 수 있겠는가."

"심려치 마시지요. 이것은 상감마마께서 내리신 분부입니다."

"그렇더라도 감히 엿볼 수 없네. 내 마땅히 전편全篇을 읽으리다."

서리는 웃으며 가버렸다. 이튿날 경연에 나아가니, 임금께서 내각의 관료에게 말씀하셨다.

"정약용에게는 모름지기 다른 장을 별도로 명하라."

내가 강을 하며 틀리지 아니하자, 용안에 미소가 번졌다.

"과연 전편을 읽었구나."

며칠이 지난 뒤, 밤중에 눈바람이 몰아치고 날이 매우 차고 시렸다. 그러자 궐내에서 글을 읽고 있는 여러 관리들에게 음식을 하사하셨다. 나는 상의원에서 내각으로 나아갔다. 밤이 칠흑 같아 가는 도중에 담에 얼굴을 부딪혔다. 이튿날 춘당대에 들어가 임금을 뵈옵는데, 얼굴 상처 부위에 붙인 종이를 보고, 임금께서 말씀하셨다.

"종지는 왜 붙였는가? 어젯밤에 술에 취해 넘어진 것은 아닌가?"

이에 다음과 같이 아뢰었다.

"감히 과음한 것이 아니오라, 밤이 칠흑 같아서였사옵니다."

그러자 임금께서 이렇게 말씀하셨다.

"옛날에 취학사醉學士가 있었고, 또한 전학사顚學士가 있었다. 취하지 않았다고 한다면 도리어 전학사顚學士가 아니겠는가?"

옥사에 휘말리다

1791년(정조 15) 겨울, 내 나이 스물아홉 때였다. 임금께서 《모시강의毛詩講義》800여 조목을 내리셨는데, 내가 풀이해 대답한 것이 유독 높은 점수를 받았다. 이에 대해 임금께서 다음과 같이 평해주셨다.

약용의 풀이는 여러 학자들의 말을 두루 인용하였다. 그러다 보니 그 출처가 무궁무진하다. 평소 학문을 충실히 하여 쌓은 것이 깊고 넓지 않다면, 진정 이와 같이 풀이할 수 없다!

그러면서 조목마다 내가 풀이한 내용에 대해 평을 하시고, 그 내용을 익히도록 장려하심으로써, 앞으로 닥쳐올 일을 미리 생각하고 기다리는 자세를 훌쩍 넘어섰다.

이때 호남 지방에서 권상연과 윤지충 등의 옥사가 있었다. 홍낙안을 비롯한 몇몇 모사꾼들이 공모해 열심히 공부하는 선한 이들을 제거하려는 음모를 꾸몄다.

권상연은 일찍부터 외사촌인 윤지충과 함께 천주교를 신봉했다. 윤지충은 나의 외사촌이다. 둘 다 나의 친인척인 셈이다. 권상연이 그 해에 모친상을 당했는데, 모친의 신주神主를 불사르고 천주교식으로 제례를 행한 사실이 전라북도 진산(오늘날 충청남도 금산군)의 군수인 신 사원에게 발각되었다. 당시 조정에서는 천주교를 엄격히 금지하고 있 었다. 따라서 신주를 불사르고 천주교식으로 제례를 행한 것은 충효 의 윤리를 문란케 한 반역이었다. 이 둘은 윤리를 어긴 죄목으로 사형 에 처해졌다.

홍낙안은 남인이면서도 같은 남인들이 많이들 신봉하는 천주교에 적대적인 인간이었다. 그는 내가 벼슬길에 막 나서기 직전이었던 4년 전(1787년), 자부 이승훈과 함께 성균관 근처 반촌의 김석태 집에 모여 천주학 서적을 강습하고 있음을 이기경으로부터 전해 듣고는 관아에 고발해 정미반회丁未泮會사건을 일으켰다. 그리고 작년(1790)에야 겨우 과거에 급제해 가주서가 되었는데, 진산에서 윤지충과 권상연에 대한 소문을 듣고는 진산군수에게 그들의 체포와 가택 수색을 요구했다. 나에게는 실로 원수와도 같은 이다. 그런 심보를 가졌으니 말년이 좋 을 리가 있겠는가! 그의 만년은 불분명하다. 전하는 말에 의하면, 무 슨 이유에서인지 제주도로 귀양 가서 그곳에서 죽었다고 한다. 아들 홍원모 또한 천주교를 박해하다가 경원으로 귀양 간 것으로 전해지고 있다.

권상연과 윤지충의 옥사는 이런 인간들 사이에서 벌어진 암투의 결 과일 뿐이다. 진산 출신인 윤지충이 외사촌 권상연과 천주교를 신봉

했다. 그리고 1791년(정조 15)에 어머니 상을 치르면서 이들은 천주교 의식에 따라 혼백과 위패를 폐지하고 제사를 지내지 않았다. 권상연도 함께 그 고모의 제사를 지내지 않았다. 이 사실을 안 조정에서는 진산군수 신사원에게 이들의 체포를 명하고 심문했다. 이들은 천주교를 버리지 않고 고집을 부리다 사형을 당했다. 이 사건을 역사에서는 진산사건, 혹은 신해박해라고 한다. 나의 외사촌이 직접 가담된 이 사건을 앞에 두고, 나는 실로 안타깝고 참담했다. 아, 아!

홍낙안의 무리들은 이 일에 대해, 당시 신망과 존중을 받고 있던 채제공에게 글을 올렸다.

"총명하고 지혜로운 재주를 지닌 벼슬아치와 선비들이 열에 일고여덟은 천주교에 젖었으니 황건적이나 백련교도가 난을 일으킨 것처럼, 앞으로 난리가 있을 것입니다."

임금께서는 채제공에게 명해 공식적으로 글을 올린 목만중, 홍낙안, 이기경 등을 불러 이를 조사토록 했다.

천주교를 배척하는 데 앞장섰던 이기경이 다음과 같이 말했다.

"그들이 본 서적에 간혹 좋은 곳도 있습니다. 그래서 소신도 이승훈과 일찍이 성균관에서 그 서적을 같이 본 적이 있사옵니다. 만약 그 서적을 본 일을 두고 죄가 있는 것으로 논의한다면, 저도 이승훈과 같이 벌을 받아야 하나이다."

그리고 나와 과거 친분이 있어서인지는 몰라도 이치훈을 시켜서 글을 보내왔다. 내용은 대강 이런 것이었다. '사실에만 너무 치우치지

말고 잘 말해 함께 문제를 원만히 해결하세!'

나는 이치훈을 불러 이렇게 말했다.

"성균관에서 천주교 서적을 본 것은 실제로 죄를 지은 벼슬아치가 의금부에 나아가 심리를 받을 만한 일입니다. 지금은 사실대로 대답해야지, 주상전하를 속여서는 안 됩니다."

그러자 이치훈은 진지하게 이렇게 말했다.

"밀고를 통해 이미 자수하였습니다. 옥사를 치르는 일에서 차이가 나더라도, 실제로 주상전하를 속이는 것은 도리가 아니겠지요."

그래서 나는 이렇게 말했다.

"그렇지 않습니다. 밀고를 하는 것은 바른 일이 아닙니다. 옥사에 대해서는 주상전하께 제대로 아뢰어야 합니다. 조정에서는 옥사만을 볼 뿐입니다. 조정이나 벼슬아치가 아니라 각지에서 존경받는 이름난 집안의 의견이나 여론이 두렵지도 않습니까? 지금 주상전하께서 선정을 베풀고 계시고 훌륭한 신하들이 제대로 보좌하고 있습니다. 이런 때에 곪아 있는 종기를 터뜨리는 것도 옳은 일 아니겠습니까? 지금이 사악한 무리들을 처단할 수 있는 기회입니다. 그렇지 않으면 후회를 하게 될 텐데, 그때는 소용이 없습니다."

이치훈은 이러한 나의 말을 듣지 않았다. 이에 이승훈을 감옥에서 면회하면서 '이기경이 사람을 모함했다'고 하고, 마침내 무죄로 판명하고 풀어줬다. 그러자 일이 엉뚱하게 터졌다.

이기경이 상중임을 핑계로 상소를 올렸는데, 그 내용은 간단했다.

중앙의 관료들이 사건을 조사하는 것이 공정하지 않았다고 헐뜯고, 성균관에서 천주학 서적을 본 일에 대해 더욱 자세하게 증명한 것이다.

그러자 임금께서 크게 노하셔서 이기경을 함경북도 경원으로 유배하라 명하셨다. 방관자들은 이런 조치에 대해 속이 시원하다고 생각했다.

그러나 나는 그들에게 이렇게 말했다.

"그렇게들 생각하지 마시게. 우리들에게 일어나는 화 또한 이런 일로부터 비롯되기 마련이라네."

이 무렵 이기경의 집이 서울 종로의 연지동에 있었다. 나는 시간이 허락할 때마다 이기경의 집에 가서 그의 어린 자식들을 격려하고 다독거렸다. 그의 모친께서 돌아가셨을 때는 조의금 1,000전을 전달하기도 했다.

임금께 인재를 추천하다

1793년(정조 17) 무렵이었다. 정규 관리 임명이 대규모로 이뤄지기 며칠 전, 임금께서 비밀리에 채제공에게 '사헌부 사간원에서 간언을 맡아볼 관리 가운데 남인에서 긴급하게 추천할 만한 사람이 있는가?'라고 이르셨다. 아울러 이가환과 이익운 그리고 나에게까지 각각의 의견을 보고하도록 했다. 채제공과 이가환, 이익운이 모두 권심언權心彦이 가장 당장 떠오르는 중요한 인재라 아뢰었다.

근래 백여 년 이래로 남인은 오래도록 관직에 나아가지 못 했다. 간언하는 관리 세 명을 한 차례 추천할 때마다 겨우 한 명을 추천할까 말까

하여, 이와 같이 대답한 것이다. 나는 28인을 기록해 보고하면서 그의 가족관계, 과거, 학문, 정치에서의 우열 등을 자세히 적었다.

이들 가운데 긴급하고 중요하지 않은 사람이 없습니다. 누구를 먼저 하고 뒤로 하느냐는 오직 주상전하께서 판단하실 수 있습니다. 저는 감히 간여할 수 없습니다.

며칠 뒤 관직 임명 때, 특별하게 전관인 이조판서 이문원에게 명해 내가 보고한 28인 가운데 8인이 통과하게 되었다. 다른 사람들은 며칠 뒤에 또다시 통과되어, 수 년 사이에 거의 모두가 관리로 임명되었다.

나의 벗, 나의 적 이기경

1795년(정조 19)에 나라에서 대사면을 실시했다. 하지만 이때에도 이기경은 석방되지 못 했다.

나는 채제공의 문인으로 주변의 신임을 받고 있던 이익운에게 이렇게 말했다.

"이기경의 마음에는 불량한 측면이 있습니다. 하지만 송사에서 억울하게 졌습니다. 한때의 속 시원한 일이 다른 날에는 근심거리가 될 수 있습니다. 주상전하께 사실을 바로 알리시어, 그를 석방시키는 게 낫습니다."

그러자 이익운도 내 말에 찬동했다.

"내 의견도 그러합니다."

그리고는 임금을 뵙고 내가 말한 대로 고했더니 임금께서 특별히 이기경을 석방해주셨다.

이기경이 유배에서 풀려나 서울로 돌아온 지 한참이 지난 후, 차츰 정부의 관료로 돌아오려고 했으나 오랫동안 알고 지내던 친구들조차도 그와 함께 대화하는 사람이 없었다.

하지만 나는 그의 안부를 물으면서 평소처럼 대했다. 이른바 '오랜 벗'이라는 게 무엇인가? '오랜 벗'이란 그 '오랜 벗다움'을 잃지 않는 것이다.

한편 1801년(순조 1)에 임금께서 계실 때 억눌려 지냈던 벽파가 정순왕후 김씨와 손을 잡고 천주교와 관련된 시파를 숙청하고자 옥사를 일으켰다. 이를 신유옥사辛酉獄事라고 한다. 이때 이기경이 주동이 되어 기어코 나를 죽이려고 했다. 그러나 천주교를 탄압하는 데 앞장섰던 홍의호 등 여러 사람들을 대하면서, 그들이 나에 대해 언급하면 반드시 눈물을 줄줄 흘렸다 한다. 이런 점에서 이기경은 큰 계책에 휘둘리기는 했으나 양심마저 저버리지는 않았던 사람이다.

나의 아버지를 여의고, 나의 임금을 받들고

이제 이립而立(서른)이 된 때를 말하고자 한다. 1792년(정조 16) 봄이었다. 나는 홍문관에 들어가 수찬修撰이 되었다. 이에 규장각에 나아가 임금께서 내리신 시에 신하들이 화답한 시를 엮어 시집을 편수했다.

이해 4월에 아버지가 진주에서 이 세상을 떠났다. 나는 급보를 듣고 남원에 이른 후부터 밤낮을 쉬지 않고 달려갔다. 한 달이 지난 뒤, 충주에 묘소를 마련하고 장례를 마쳤다. 그리고 고향으로 돌아와서 나머지 장례 의식을 모두 치렀다. 임금께서는 경전 강독을 하던 관리를 보내 몸은 어떠한지 자주 나의 안부를 확인하셨다.

임금께 화성을 올리다

이해 겨울에는 수원에 성을 쌓았다. 훗날 이를 가리켜 화성 건설 사업이라 했다.

야심찬 기획을 앞에 두고 일찍이 임금께서 진지하게 이르셨다.

올해가 기유년(1789년)이니 과인이 이 자리에 앉은 지도 13년이 지났구나. 배를 엮어 강을 건널 수 있도록 부교를 만들고자 했는데 약용이 그 법도를 올려 일이 제대로 이루어졌다. 그를 불러 자기 집에서 수원 화성을 만들 설계도와 그 방법을 자세하게 올리도록 하라.

이에 나는 명나라 사람 윤경尹畊이 쓴 《보약堡約》과 문충공 류성룡柳成龍(1542~1607)이 지은 《성설城說》에서 좋은 제도만을 택해, 수원 화성의 초루譙樓와 적대敵臺, 현안懸眼, 오성지伍星池 등 모든 법을 정리해 임금

〈화성전도〉* 및 《기기도설》 가운데 기중기**와 거중기전도 가운데***·****. 정조는 정약용에게 《기기도설》을 내려주며
화성 건축에 쓰일 도구들을 만들 것을 명했다. 정약용이 만든 거중기는 화성 제작에 요긴하게 쓰였다.

께 올렸다.

그러자 임금께서는 《고금도서집성古今圖書集成》과 《기기도설奇器圖說》을 내려 인중법引重法, 기중법起重法을 강구하도록 했다.

이에 나는 《기중가도설起重架圖說》을 지어 올렸다. 활차滑車와 고륜鼓輪은 작은 힘으로 큰 무게를 옮길 수 있는 도구였다. 활차는 한 개의 도르래 또는 여러 개의 바퀴에 와이어 또는 체인을 걸고 힘의 방향이나 속도를 바꾸거나 견인력을 증대시키기 위한 건설 기계이다. 활차에는 고정도르래인 정활차와 움직도르래인 동활차가 있다. 고륜은 둥근 바퀴로 된 무거운 물건을 운반하는 기계이다.

드디어 수원 화성이 만들어졌다. 임금께서는 이렇게 말씀하셨다.

"다행히도 기중가起重架를 쓸 수 있어 4만 냥이나 줄였구나."

임금께서 아버지를 받들다

1793년(정조 17) 여름에 채제공이 화성 유수華城 留守로 들어와 영의정이 되어 상소를 올렸다. 그 내용은 30년 전인 1762년(영조 38)에 발생한 일로 당시 장헌세자(사도세자)를 모함해 죽게 만든 김한구, 홍계희, 윤급 등 노론 일파에 대해 논의한 것이다. 1762년 임오년은 내가 태어난 해이기도 하다. 그해 5월에 임금의 아버지가 되시는 장헌세자께서 자신의 아버지인 선왕(영조)에 의해 뒤주에 갇혀 죽는 큰 비극이 벌어졌다. 어머니가 죽일 것을 청하고, 아버지가 죽이라 명하며, 장인이 앞장서서 집행했다. 참혹하고 참담할 뿐이다.

임금의 말씀을 들은 김종수金鍾秀(1728~1799)가 이렇게 아뢰었다.

"임오년(1762년)의 사건에 대해 연명으로 올린 상소가 있었는데, 그 뒤에 이 일을 다시 제기하는 이는 역적일 것으로 아뢰옵니다."

채제공에 대한 강력한 공격이었다.

지난해에 〈영남만인소嶺南萬人疏〉가 올라와 장헌세자의 억울한 죽음을 풀기 위해 역적 토벌을 주장했다. 그러자 김종수는 일전에 임금과 대담했던 "순임금, 주공과 같은 공정한 도리를 통해 부모를 섬기는 것이 효도"라는 상소를 올려 이 논의를 가라앉혔다. 그리고 다음해에 좌의정에 임명되었다. 그런데 채제공이 다시 장헌세자의 억울한 죽음을 풀기 위한 역적 토벌을 주장하자, 채제공과 함께할 수 없다는 의리를 굽히지 않았던 것이다.

임금께서는 차분하게 처신하셨다. 선왕께서는 하나뿐인 아들인 장헌세자, 임금의 아버지를 간사한 무리들의 모함에 빠져 죽게 하고는 너무나도 후회하셨다. 금띠로 엄중하게 봉함해 간직하고 있던 금등金縢의 글은 다음과 같이 간절하고 애달픈 표현을 담고 있다.

동혜동혜桐兮桐兮　저 오동나무 궤짝이여, 오동나무 궤짝이여!

혈삼혈삼血衫血衫　저 피 묻은 적삼이여, 피 묻은 적삼이여!

숙시금장천추孰是金藏千秋　누가 금등에 넣어 저리 오래토록 보관하는가.

여회망사지대予悔望思之臺　나는 망사대의 일을 진정 후회하노라.

임금께서는 이를 공개해 주변에 보여주셨다. 그리고 아버지 장헌세자가 얼마나 뛰어난 효자였는지를 밝혔다. 그러자 아무 일도 없었다는 듯이 조용해졌다.

임금의 아버지인 장헌세자께서는 선왕의 둘째아들이다. 휘는 선愃이고, 홍봉한洪鳳漢(1713~1778)의 영애인 혜경궁 홍씨를 배우로 맞으셨다. 장헌세자께서는 이복형인 효장세자가 돌아가시자 2세 때 왕세자로 책봉되셨다. 어려서부터 총명해 10세 때 노론이 일으켰던 신임사화를 비판하셨고, 사대부의 의리와 절개를 중시하는 맑고 깨끗한 선비들에게 호응함으로써 대신들과 갈등을 빚었다. 1749년 선왕을 대신해 정치를 시작했으나 갈등은 더욱 심해졌다. 장헌세자께서 대리청정을 하자 장인인 영의정 홍봉한의 세력이 커졌다. 이때 계비 김씨의 아버지 김한구金漢耉(1723~1769)와 그 일파인 윤급 등이 세자의 폐위를 도모했다. 장헌세자는 정치에 싫증을 느꼈고, 불행하게도 병으로 고통받고 계셨다. 이 무렵 김한구와 윤집 등의 사주를 받은 나경언이 세자의 비행 10여 조를 적은 상소를 올렸다. 그러자 선왕께서 너무나 성노聖怒하신 나머지 나경언을 사형에 처하는 한편, 세자에게도 자결을 명하셨다. 세자가 이를 듣지 않자 뒤주 속에 가두어 8일 만에 죽게 하셨다. 선왕께서는 곧 후회하셨으나 이미 늦은 일이었다. 참으로 애달프다. 선왕께서는 세자에게 '사도思悼'라는 시호를 내리셨다. 이후 임금께서는 즉위하시자마자 아버지에 대한 존호를 장헌세자로 올리셨다(장헌세자는 훗날 대한제국 당시 장조莊祖로 추존). 장헌세자를 둘러싼 조정 내부의 대립은 당쟁을 더욱 치열한 양상으로 심화시켰다. 이것이 지금 내가 목도하고 있는 현실 정치이다.

이때 홍인호洪仁浩(1753~1799)가 한광전을 대신해 문숙공 채제공의 상소를 공격했다. 그 내용 가운데는 망발된 말이 많았다. 많은 관료들과 선비들이 일제히 홍인호를 공격했다. 이른바 1794년(정조 18) 갑인년 사건이다.

홍인호는 내가 그의 상소에 대해 비난하면서 자신을 공격하는 선두에 선 것으로 의심했다. 그러면서 그와의 사이가 틀어졌으나 훗날 진실을 알게 되면서 의심은 저절로 풀렸다. 그러나 그것은 하나의 화근으로 작용했다. 우리들의 참혹한 화는 이때 씨앗이 뿌려졌다.

임금의 눈과 귀가 되다

그해 7월, 나는 아버지의 삼년상을 마쳤다. 상을 마치자마자 성균관 직강을 맡게 되었고, 8월에는 비변사 낭관을 맡았다. 10월에는 다시 옥당에 들어가 교리·수찬이 되었다.

그런데 홍문관에서 근무를 하다가 갑자기 임금의 교지를 받아 노량진별장 겸 장용영별아병장으로 좌천되었다. 아닌 밤중에 홍두깨라고 했던가. 잠자리에서 느닷없이 명부터 받는 것과 같은 일이 벌어졌다. 알고 보니 실제로는 경기 암행어사로 나가라고 비밀리에 명을 내리셨던 것이다.

이때 관찰사 서용보의 집안사람 가운데 마전에 사는 사람이 있었다.

그는 향교의 땅을 서용보의 집안에 바쳐서 그 집안의 묘로 만들려는 음모를 꾸몄다. 거짓으로 향교 자리가 좋지 못 하다고 속이고, 향교를 들락거리던 지방의 선비들을 위협해 향교를 옮기려고 했다. 그러면서 이미 향교의 강당에 해당하는 명륜당을 뜯어버렸다. 나는 이 사실을 염탐을 통해 알게 되었다. 그리하여 그를 엄습해 잡아서 징계했다.

이 무렵 관찰사 서용보徐龍輔(1757~1824) 또한 착취를 일삼고 있었다. 그는 칠중하七重河 연읍 사람들에게 대여해준 곡식을 돈으로 만들어 고가로 거둬들였다. 그러면서 이렇게 구실을 만들었다고 한다.

"이는 금천(오늘날 경기도 시흥)의 도로를 수리하는 비용에 쓰이는 것이니 조세를 가볍게 하려고 해도 어쩔 수가 없다."

이에 사람들은 원망 섞인 소리로 호소했다.

"괴롭구나, 화성이여! 과천으로 가는 길도 있는데, 어찌하여 금천으로 길을 다시 닦는가!"

서용보가 이렇게 행동한 연유는 당시 임금께서 아버지를 모신 화성의 현륭원顯隆園(훗날 융릉隆陵)을 자주 찾아뵈었던 사정과 관련이 있다. 화성으로 가는 길을 닦는 데 여러 비용이 필요함을 과장해서 둘러댄 것이다.

나는 암행어사 일을 마치고 올라와서 이 일을 자세하게 보고했다.

그 무렵 조정은 내의 강명길을 삭녕군수로 삼고 지사 김양직을 연천현감으로 삼았다. 그런데 이들 모두 임금의 총애를 믿고 법도를 어기며, 자신의 욕심을 채우는 데 거리낌이 없었다. 나는 이들을 법률에 따라 즉시 탄핵하고 법도를 바로잡았다.

임금께서 아버지의 휘호를 올리다

그해 12월, 임금께서는 돌아오는 새해에 아버지 장헌세자의 휘호를 올리자고 의논했다. 1795년(정조 19)은 장헌세자가 회갑이 되시는 해였다. 이에 맞춰 휘호를 헌정하기로 한 것이다. 동시에 태비와 태빈에게도 존호를 올리기로 했다. 태비는 선왕의 계비인 정순왕후 김씨이고, 태빈은 장헌세자의 빈인 혜경궁 홍씨이다. 임금께서는 할머니와 어머니의 존호를 아버지의 휘호와 함께 올리는 의식을 치르려고 한 것이다.

이 행사를 치르기 위해 예조에 도감을 설치했다. 행사의 중요성을 감안해, 문숙공 채제공이 도제조가 되고 나와 권평은 도청랑이 되었다.

이때 정부의 관료 대신들이 휘호 여덟 글자 뜻을 올렸다. 그러나 금등에서 보여준 것처럼 장헌세자의 효孝를 드높이는 의미가 제대로 담겨 있지 않았다. 임금께서 의미를 담은 글자로 고치고자 했으나, 마땅한 명분이 없었다. 그래서 임금께서는 어떻게 하면 의미를 담을 수 있는 글자로 바꿀 수 있을지 비밀스럽게 채제공과 이가환에게 자문을 구했다.

이가환이 삼가며 의견을 올렸다.

"관료 대신들이 올린 휘호에 '개운開運'이 있사옵니다. 이것은 석진石晉의 연호입니다. 그러니 이를 구실로 말하는 것이 마땅할 줄로 아뢰옵니다."

석진은 중국 오대五代 당시 후진後晉이라는 나라의 별칭이다. 석경당 石敬瑭이 건립한 연유로 석진石晉이라고도 했다. 2대에 걸쳐 11년 동안 존속했으며 '개운開運'은 944년에서 946년 사이에 후진의 출제出帝가 재임하던 시기의 연호이다. 중화의 제왕이 사용하던 연호는 관례상 피해야 했다.

임금께서 크게 기뻐하시며, 이를 구실로 삼아 휘호의 뜻을 고칠 것을 명하셨다. 이에 휘호를 '장륜융범기명창휴章倫隆範基命彰休'라 올렸다. 여기에서 '장륜융범'은 '윤리 도덕을 밝히고 모범을 크게 드날리다'를 가리키니 바로 금등의 뜻이다.

그러나 대제학 서유신이 옥책에 새기는 칭송하는 글인 옥책문을 지으면서, 금등의 일을 제대로 언급하지 않았다. 이에 응교 한광식이 문제를 제기했다. 임금께 글을 올려, 조그마한 사안에 매달려 금등의 일을 제대로 기록하지 않은 잘못된 부분을 논의했다. 임금께서는 한광식의 상소가 상당히 일리가 있다고 판단하셨다. 이에 도감의 여러 신하에게 명을 내려 옥책문을 고치는 것이 마땅한지, 또는 한두 구절만 고치는 것이 옳은지를 의논하도록 했다. 이때 도감제조 민종현, 심이지, 이득신, 이가환 등이 모두 입속으로 웅얼거리며 깊이 생각했으나, 끝내 확정짓지 못 했다.

이러한 상황에서 내가 진지하게 말했다.

모든 표문이나 전문, 조서로 널리 알리는 일에서 그 자구에 잘못된 곳이 있으면, 약간은 수정해도 됩니다. 하지만 지금 이 옥책문은 금등의 사실을 정확하게 말하지 않았습니다. 그 내용 자체가 기본적으로 잘못된 것입니다. 따라서 고쳐 주상전하께 근심을 끼침이 없어야 합니다.

표문은 마음에 품고 있던 사안을 적어 임금께 올리는 글이다. 특히 임금께 사람들의 사정이나 실정을 아뢰거나 축하하는 말로 예의를 차리는 데 사용한다. 전문은 나라에 좋은 일이나 나쁜 일이 있을 때 올리는 글이다. 따라서 사실 그대로 기술하는 것이 글의 생명이다.

이 말을 듣고 있던 채제공이 드디어 다시 고쳐 지어 올릴 것을 요청했다. 고쳐 짓는 작업이 끝나자 이를 봉함해 임금께 바치려 했다.

이때 서리가 말했다.

"태빈궁의 옥책금인에 '신근봉臣謹封'이라고 써야 합니까? 아니면 '신臣'이라는 글자는 쓰지 않아도 되는 겁니까?"

'신이 삼가 봉합니다!' 여기에서 '신'이 문제가 되었다.

이 물음에 주변에 있던 모든 관료들이 갑자기 당황스러워 했다. 그러자 채제공이 의궤에 어떻게 되어 있는지 찾아보게 했다. 모두 어떻게 써야 하는지 근거를 찾지 못해 한낮이 되도록 결정을 내리지 못 하며 어찌할 바를 몰랐다.

내가 조용히 나아가 말했다.

"신근봉臣謹封이라고 쓰는 것이 옳습니다."

그러자 채제공이 눈짓으로 주의를 주며, 함부로 말하지 말도록 눈치를 줬다. 이때 민종현과 심이지가 바로 물었다.

"어째서, 그렇게 써야 하는가?"

내가 대답했다.

지금 이 옥책·옥보·금인 등을 도감의 여러 신하들 이름으로 태비와 태빈께 올린다면, 조정에서 평소 태빈께 '신'이라고 일컫지 않았으니, 지금도 '신'이라고 쓰지 않는 것이 옳습니다. 그런데 지금 우리 여러 신하들이 임금의 명을 받들어 옥책 등을 만들어 대전大殿에 올리려고 합니다. 그러면 대전은 스스로 그 효성으로 태비와 태빈께 바치는 것이 됩니다. 그러므로 지금 우리가 대전에게 어떻게 신이라 쓰지 않을 수 있겠습니까?

채제공이 내 말을 가만히 듣더니 크게 깨달았는지 "아주 좋다"고 말했다. 그러자 주변의 모든 사람들이 옳다고 하며 내 말을 존중해줬다. 이날 낭관과 서리로서 참관한 이들은 모두 내 의견을 시원스럽게 여겼다. 나의 의견을 계기로 의논이 드디어 정해졌다.

며칠이 지난 후, 채제공이 내게 말했다.

'신'이라고 쓰느냐 쓰지 않느냐는 매우 중요한 문제라네. 옥좌에 오르지 못 하고 돌아가신 분께 임금의 칭호를 올리는 추숭追崇 의식은 난관에 부딪힐 수 있는 소지가 많지. 내가 처음 자네의 말을 듣고 아주 놀랐지만, 그 까닭을 해석하는 말을 듣고 마음이 개운해졌다네.

임금께 상소를 올리지 못 하다

이때 내각학사 정동준이 병을 핑계대고 집에 있으면서, 남몰래 권력을 휘두르면서 사방에서 뇌물을 받고 있었다. 뿐만 아니라 고위관직에 있는 사람들과 밤마다 백화당에 모여 연회를 베풀었다. 이런 행태를 나라 안팎에서 주목했다.

　나는 이런 사실을 묵과할 수 없었다. 그래서 늘 벼르고 있다가 상소문의 초고를 썼다.

　　내각을 설치한 까닭은 주상전하께서 선왕의 아름다운 업적을 이어받아 기술하고 문화 정치를 지속해 나가려는 원대한 정책을 담고자 함입니다. 임금을 보좌하는 직위의 반열에 있는 사람은 누구나 우러러보는 자리가 아니겠습니까? 문제는 그 자리에 재직할 사람을 임명할 때입니다. 간혹 그 자리에 적합한 사람이 아니고 임금의 총애가 그 분수를 넘치는 경우, 교만과 사치가 싹트고 비방과 물의가 일어납니다. 이를테면 내각학사 정동준 같은 존재가 그에 해당합니다. 아프다는 핑계를 대고 집에 있으면서 맡은 일에 최선을 다하지 않습니다. 그러니 사람들이 모두 그 사람이 맡은 일을 의심하고 괴이하게 여깁니다. 더구나 사는 집과 정자 등이 나라에서 정한 법도에 맞지 않게 사치스러워 길 가는 사람들도 손가락질하고 있습니다. 이는 내각학사의 신분에 있는 사람에게 좋은 소식은 아닌 듯합니다. 원하옵건대 전하께서는 합당한 제재를 명하셔 내각학사가 몸을 삼가고 분수를 지킬 수 있도록 조치해 주시옵소서. 그렇게 되면 조정과 민간 할 것 없이 모든 사람들에게 의혹이 풀릴 뿐만 아니라, 또한 스스로에게도 복이 될 것입니다.

1794년 갑인년 겨울, 나는 다시 옥당에 들어갔다. 그러나 관직에 인사이동이 있어 그 상소를 임금께 올리지 못 하고 말았다. 다음해인 1795년 봄, 정동준의 일은 그가 저지른 부정만큼이나 세상에 발각되었다. 정동준은 스스로 죽음을 택했고 상소도 그만두었다.

임금께 넘치는 은혜를 받다

1795년, 한창 바쁜 공직생활 가운데 내 나이도 서른셋에 이르렀다. 그해 1월에 나는 특별히 사간 관직을 맡게 되었고, 통정대부 동부승지에 발탁되었다. 이 모두가 도감에서 일할 때 의견을 제시한 공로 때문이었다.

2월에 임금께서 태빈을 모시고 군주와 현주 등 여러 딸들을 데리고 화성에 거동했다.

하루는 임금께서 화성에 가는 행장을 꾸리도록 명하셨는데, 나는 내가 무슨 직분을 맡았는지 알지 못 했다. 며칠 후에는 특별히 병조참의를 맡아 임금을 모시고 호위토록 하셨다. 그만큼 임금께서는 나를 신뢰하셨다. 나를 그토록 믿으셨다. 감당할 수 없는 영광이었다. 화성에서 임금을 모시고 있을 때는 임금께서 베푸는 잔치에도 참석했으니 자못 깊은 사랑을 받았다고 할 수 있다.

《화성능행도》 가운데 〈득중정어사도〉. 정조가 신하들과 혜경궁을 모시고 불꽃놀이를 구경하는 모습을 그렸다. 보물 제1430호

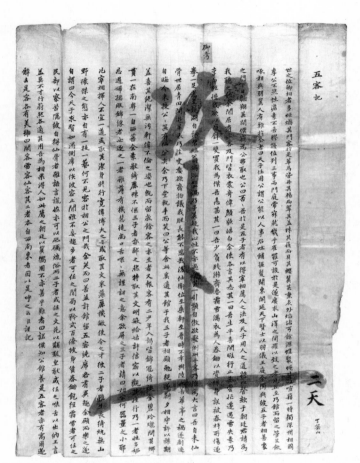

〈오객기五客記〉. 정조의 친시에 대한 정약용의 답안지. 차상次上이라는 평가를 받았다. 1790년

화성에서 돌아온 뒤, 병조에서 숙직을 하던 어느 날이었다. 한밤에 칠언배율로 시 백 운韻을 짓게 명하시기에 시를 지어 올리니 그 성심聖心에 맞았던 모양이다. 임금께서는 각 관청의 학사인 민종현, 심환지, 이병정 등에게 명하셔서 내가 지은 시에 비평을 해서 올리도록 하셨고, 내각학사 이만수를 시켜 낭독토록 하셨다. 뿐만 아니라 임금께서 직접 비평하시며 장려하고 칭찬함이 자자했다. 또 사슴 가죽을 내려 영예스러움을 더해 주셨다.

그러고 나서 임금께서는 주변의 가까운 관료들에게 이렇게 말씀하셨다.

과인이 앞으로 약용을 홍문관과 예문관의 대제학과 제학에 있게 하고자 먼저 그대들에게 이렇게 과인의 의사를 보이는 것이다.

이해 봄, 나는 2차 과거, 즉 1차 합격자들이 한양에 모여 시험을 보는 회시의 시험관인 동고관이 되었다. 시험 채점이 끝난 다음 합격자를 발표하고 보니, 남인으로 진사가 된 사람이 50여 명이었다. 그러자 당시 시대 흐름을 타고 명리를 좇던 자들이 정약용이 자기 편인 남인들을 챙겼다고 유언비어를 퍼뜨렸다.

임금께서 그 말을 듣고 크게 성노하셨다. 그리고 다른 일을 핑계로 나를 하옥케 하시어 10여 일을 보내게 하셨다.

임금께서 문책하며 내리신 글에는, 임금으로서 정말 화를 내며 그치지 않은 흔적이 역력했다. "방자하고 거리낌 없는 존재"라고 심하게 질타하셨다. 뿐만 아니라 "평생에 다시는 시험관을 하지 못 하게 하라"고 하시며 관직을 주지 말라고 명하셨다.

며칠 뒤 임금께서는 춘당대에 직접 나와 선비들을 모아놓고 시험을 제시하셨다. 그런데 어찌된 일인지 특별히 명하셔서 나를 시험관으로 삼으셨다. 나는 너무나 황공하여 어찌할 바를 몰랐다.

임금께서 채홍원에게 이르셨다.

> 과인이 알아보니, 지난 회시에서 남인이 합격한 곳은 대부분 이소二所에서였다. 그런데 정약용은 일소一所의 시험관이었으니, 특별히 그들을 도와주었거나 부정을 저지른 일이 없었다.

그리고는 규영부에 들어가 이만수, 이가환, 이익운, 홍인호, 서준보, 김근순, 조석중 등과 함께 《화성정리통고華城整理通考》를 짓게 하셨다. 이때 특히 내가 맡은 일이 많았다.

꽃이 피었던 어느 날을 돌아보다

임금의 화원인 상원上苑에 온갖 꽃이 활짝 피었던 어느 날이었다. 임금께서 영화당映花堂 아래에서 말에 오르셨다. 내각 관료인 채제공 이하 10여 명과 나를 비롯한 6~7인 또한 모두 왕실에서 기르던 내구마를 타고 임금을 호위해 궁 담장을 따라 한 바퀴 돌아서 석거문 아래

竹欄散人
丁若鏞

정약용이 30대 후반 죽란산인竹欄散人으로 자호하며 그린 산수화. 정약용이 주도했던 죽란시사竹欄詩社에서는 꽃이 필 때 벗들이 여울려 시를 나눴다.

에 이르러 말에서 내렸다. 임금께서는 다시 돌아 농산정에 이르러 작은 연회를 베푸셨다. 그리고 후원인 비원에서 그 안에 있던 수석과 화훼 등 빼어난 경치를 함께 구경하셨다. 그곳에 소장되어 있는 도서 또한 읽지 않은 책이 없었다. 이윽고 자리를 옮겨 서총대에 이르러, 임금께서 시위를 당기시면서 관료들에게 당신께서 활을 쏘는 모습을 구경토록 하셨다. 저녁에는 부용정에 이르러 꽃을 구경하고 고기를 낚았다. 그리고 나를 비롯해 여러 관료들에게 태액지에 배를 띄우고 분부에 호응해 시를 읊도록 하셨다. 저녁 식사를 내려주신 뒤에는 등불까지 함께 하사하시어, 모든 관료들이 각자의 관청 숙소로 무사히 돌아가도록 배려해주셨다.

그 뒤 며칠이 지난 다음 임금께서 세심대에 거동하셔 함께 꽃구경을 했다. 이때 나에게 다시 시종을 하게 하셨다. 술이 한 순배 돌자, 임금께서 시를 읊고 여러 학사에게 화답하게 하니, 내시가 시를 쓰는 데 필요한 색종이 한 축을 올렸다. 그러자 임금께서 나에게 당신께서 계신 어막 안으로 들어와 시를 쓰라 하셨다. 내가 임금께서 앉아 계신 바로 앞에서 붓을 뽑자, 땅이 평평하지 않다고 하시면서 당신께서 계신 자리 위에 시축詩軸을 올려놓고 쓰도록 명하셨다. 내가 머리를 조아리며 감히 나아가지 못 하자, 임금께서는 여러 번 앞으로 나오도록 명하셨다. 할 수 없이 임금께서 거하시던 자리로 나아가 붓을 휘둘렀다. 임금께서는 가까이 다가와서 보시고는, "잘 쓴다!"라고 칭찬하셨다. 내가 임금께 받은 것이 이와 같았다. 이와 같이 넘치게 받았다.

임금께서 상방검을 내리시다

1795년(정조 19) 3월에 임금께서 용산 읍청루挹淸樓에 거동해 이복동생인 왕손 이인을 강화에서 불러 풍악을 잡히고 잔치를 베푸셨다. 금군禁軍이 철벽처럼 북문北門을 지키니 대신과 근신近臣이 감히 들어가지 못 했다. 잔치가 파하자 특별히 읍청루 위에서 나를 불러 우부승지로 임명하고, 궁에 돌아와서는 밤중에 다시 나를 집무실로 부르셨다. 그런데 갑자기 머리 위에서 소리가 나더니, 쟁그랑거리며 무언가 땅에 떨어지는 것이었다. 이를 보니 상방검尙方劍(임금이 하사하는 검)이었다. 임금께서는 이렇게 이르셨다.

이가환과 이익운 등이 세인들이 하는 것처럼 강화에서 귀양살이 하고 있는 과인의 동생인 이인의 죄를 꾸짖고 있으니 상소하여 자수케 하라. 이를 따르지 않으면 이 상방검으로 그 둘의 목을 베어도 좋다.

어명은 지당하므로 거역할 필요가 없다. 물러나서 재촉해 상소케 했다. 그러자 그 일은 깔끔하게 마무리 되었다.

천주교와 마주하다
●

1795년 4월에는 청나라 소주蘇州 사람인 주문모周文謨(1752~1801)가 변복

차림으로 몰래 이 땅에 와 북산北山 아래에 숨어서 천주교를 널리 선전했다.

주문모는 나보다 열 살 정도 손윗사람이다. 1752년 강소성 소주 곤산현에서 태어났다고 한다. 일곱 살 어린 나이에 어머니를 여의고 여덟 살 때는 아버지마저 떠나보내 고모 슬하에서 핍진한 어린 시절을 보냈다. 과거에서는 계속 낙방했고, 20세 때 결혼했으나 3년 만에 아내마저 잃었다고 한다. 이후 홀로 지내다가 조금 늦은 나이에 북경교구의 신학교에 들어가 제1회 졸업생이 되었다.

천주교 북경교구장인 구베아 주교의 명령에 따라 주문모는 1794년(정조 18) 봄에 북경을 떠나 그해 음력 12월 3일, 양력으로는 12월 24일에 조선인 천주교 신자였던 지황과 윤유일 등의 도움을 받아 압록강을 건너 조선에 들어왔다. 조선 땅은 천주교에 우호적이지 않았다. 그는 은밀히 숨어들어올 수밖에 없었다. 이 때문에 북경에서 조선 국경까지 오는 데 10개월이 넘게 걸렸다. 그 뒤 주문모는 12일 만에 한양에 잠입했다. 혹자는 국경을 넘은 지 6개월 만에 도착했다고도 한다. 그만큼 엄중한 시기였다. 그리고 한양 북촌 계동에 있는 최인길의 집에서 처음으로 천주교 미사를 집전했다.

당시 조선의 천주교회는 청의 천주교구에 속해 있었다. 1784년, 조선인으로는 최초로 천주교 세례를 받고 귀국한 자부 이승훈을 중심으로 조선 천주교회는 나름대로 제도를 마련해 천주교 미사를 드리고 있었다. 그러던 가운데 그들은 교리 문답을 하다가 자신들의 신앙

행위가 천주교 교회법에 합치되는지 의문이 생겼다. 이에 윤유일尹有一 (세례명 바오로, 1760~1795)을 청에 보내 구베아 주교에게 조선의 천주교 회 신앙행위에 대한 자문을 요청했다. 구베아 주교Alexander de Gouvea(湯士 選, 1751~1808)는 조선 나름의 성직제도로 교회법을 어긴 사실에 대해서 는 책망했다. 하지만 그들의 열정적인 신앙과 신앙생활에 대해서는 매우 칭찬했다. 그리고 천주교 신부를 보내주기로 했다.

청의 천주교회 측에서는 주문모를 보내기 이전인 1793년, 청나라 사람인 오嗚 신부를 보냈다. 하지만 그는 조선에 들어오는 데 실패했 다. 그 뒤에 구베아 주교가 주문모를 보낸 것이다. 주문모가 조선에 오게 된 다른 이유는 단순했다. 외모나 분위기가 우리와 매우 닮았기 때문에 상대적으로 경계를 받지 않을 것이기 때문이었다.

조선에 온 주문모

그런 이유였을지도 모르겠다. 주문모는 조선에 입국한 지 일 년 반 정 도, 그러니까 1795년 6월경까지 별 어려움 없이 세례 성사를 주고 천 주교를 전파했다. 그러다가 한영익이 배교하면서 밀고하는 바람에 체 포령이 내려졌다.

주문모는 여성 신도였던 강완숙姜完淑(세례명 골롬바, 1761~1801)의 집으 로 피신했다. 주문모는 강완숙이 전도하는 모습에서 자신을 얻어 여 주, 온양, 공주, 남포 등지로 신자를 만나러 다녔다. 그런 가운데 천주 교 교리연구회인 명도회明道會를 만들어, 나의 형 약종을 회장에 임명하기도 했다. 그리고 나의 조카사위인 황사영을 비롯해 홍필주, 현계흠, 홍익만 등을 명도회 하부 조직인 육회六會의 책임자로 임명해 교리 연구와 전도에 힘쓰게 했다.

주문모는 조선 천주교회에 절실히 필요한 것이 교리서와 신앙안내서라고 생각했다. 조선의 평신도들은 천주교의 신학 교육을 체계적으로 받지 못 했기 때문이다. 이에 《사순절과 부활절을 위한 안내서》라는 고해성사 지침서 등을 저술했다. 이러한 그의 선교는 상당한 효과를 봐 조선의 천주교회 세력 확장에 큰 역할을 하게 된다. 그는 강완숙의 도움을 받아 장헌세자의 서자로 모반죄에 연루되어 있던 은언군의 처 송씨와 며느리 신씨를 천주교에 입교시키기도 했다.

그러나 1795년 6월부터 주문모에게 체포령이 내려지면서 그의 선교는 한계에 부딪힌다. 주문모에게 체포령이 내려진 사건을 천주교에서는 을묘박해라고 한다. 그의 얼굴을 그린 벽보가 나붙기도 했지만, 주문모는 역관인 최인길의 도움을 받아 도피를 이어갔고, 강완숙이 용감하게 자신의 집을 은신처로 제공해 박해를 피할 수 있었다. 천주교 신자들의 도움으로 주문모는 조선에서 6년간 활동했다. 강완숙에게 세례를 주고 조선 천주교회 최초의 여성회장으로 임명해 여성들에게 복음을 전하도록 했다. 강완숙은 자신을 모시는 여종을 비롯한 수많은 여인들을 천주교로 인도했다. 양반 신분을 활용해 은언군의 부인 송씨와 며느리 신씨까지 주문모 신부에게 세례를 받도록 주선하기도 했다. 송씨와 신씨는 형 약종이 주재하던 명도회에 가입하고, 자신의 종들까지 모두 입교하게 할 정도로 신앙생활에 열의를 가졌다. 아마 그들의 남편이고 시아버지인 은언군이 강화도로 귀양을 가자, 마음을 둘 곳이 없었기 때문이리라.

한양에서의 천주교 전도가 상당 부분 성공에 이르렀다고 여긴 주문모는 지방으로 내려가서도 열심히 전도했다. 자신을 보호하느라 대신 죽은 윤유일의 가족을 위로하고, 충청도 공주, 온양, 내포, 전라도 전주에서 전도하니, 5년 만에 신자가 4,000여 명에서 만 명으로 증가했다.

거듭된 천주교 박해

그렇게 교세를 확장해가는 가운데, 1800년 경신박해와 1801년 신유박해가 발생한다. 정순왕후貞純王后(1745~1805)는《사학엄금교서》를 발행하고, 천주교 신자를 인륜을 무너뜨리는 사학邪學을 믿는 자들이라 규정했다. 그리고 천주교도들이란 인륜을 위협하는 짐승과 같은 자들이므로 마음을 돌이키게 하고, 그래도 개선의 여지가 없으면 처벌하라고 했다.

이런 엄중한 상황에서 주문모는 강완숙의 보호로 몸을 피했지만 결국 한계를 느꼈는지 청으로 돌아가기 위해 황해도 황주로 갔다. 그러나 그곳에서 사태의 심각함을 알고 나선 1801년 4월 한양으로 돌아와 의금부에 '내가 당신들이 찾는 천주교 신부'라며 자수했다. 그해 5월 31일 주문모는 한강 새남터에서 참수형을 당했다. 그때 "살아 있어서

도움이 안 되니 죽기를 원한다"라는 말을 남겼다고 한다.

당시 조정에서는 청과의 외교 문제를 우려해 주문모를 추방령으로 감형해 추방하자는 주장도 있었다. 그러나 결국은 사형으로 확정되었다. 새남터에서 참수형을 당한 주문모의 유해는 천주교 신도들이 거두는 것을 막기 위해 비밀리에 매장되었다고 전해진다.

소인배들의 모함으로 좌천되다

당시 주문모의 포교활동을 진사 한영익이 알고 이석에게 알렸다. 그때 나도 그 소식을 들었다. 이석이 채제공에게 다시 알리자, 채제공은 임금께 은밀히 고했다. 그러자 임금께서는 포장 조규진에게 명해 주문모를 체포하도록 했다.

하지만 주문모는 달아났기에 대신 최인길과 윤유일, 지황 등 세 사람을 잡아 매를 쳐 죽였다. 그런데 목만중을 비롯한 몇몇이 뜬소문으로 선동하며, 이를 기회로 삼아 선량한 사람들까지도 모두 천주학을 신봉한다는 모함에 빠뜨리려고 했다. 몰래 박장설에게 사주해 상소를 올려 이가환 선생을 상소에서 논의하도록 했다. 없는 사실을 그럴듯하게 꾸밈으로써 선생을 어려운 지경에 빠뜨리려고 작당한 것이다.

정약전은 1790년(정조 14)에 낸 대책에서 오행五行을 사행四行으로 논의하였습니다. 그런데 이가환이 이를 알면서도 그를 장원으로 뽑았습니다.

오행은 유학에서 만물을 생성하는 다섯 가지의 원초적 기운인 수水·화火·금金·목木·토土이다. 그런데 나의 형 약전이 서양의 학설을 받아들여 유학의 오행을 사행으로 만들었다고 꾸며낸 것이다.

임금께서는 나의 형 약전이 쓴 대책을 보시고 박장설이 올린 상소가 무고임을 금세 아셨다. 임금께서는 박장설을 나라의 사방 끝으로 귀양을 보내셨다. 처음에는 두만강가로, 그 다음에는 부산 동래로, 그 다음에는 제주도로, 마지막으로는 다시 북쪽의 압록강가로 유배지를 정해 사방을 두루 돌아다니며 귀양살이하게 하셨다.

그러나 유언비어는 날로 심해졌다. 관료들과 권문세가들이 주변에서 그런 말을 익히 들었고, 이가환 등이 실제로 그들과 가깝기 때문에 죄를 주지 않을 수 없다고 했다. 임금께서는 이런 의견에 매우 괴로워하셨다. 할 수 없이 그해 가을에 이가환 선생을 충주목사로 내려보낼 수밖에 없었다. 나는 금정역 찰방으로 가게 되었고, 자부 이승훈은 예산현으로 귀양살이를 가게 되었다.

그리고 그날 임금께서는 이렇게 이르셨다.

그가 눈으로 직접 성인의 글이 아닌 서적을 보지 않고, 귀로 경전의 뜻에 어그러지는 말을 듣지 않았다면 죄 없는 그대의 형이 어찌 상소를 하며 주대에 오르내릴 수 있었겠는가. 그가 문장을 하려고 한다면 육경이 있고 한나라에도 좋은 바탕이 있는데, 무엇 때문에 반드시 기이함에 힘쓰고 새로움을 찾아서 몸과 이름을 낭패하기에 이르겠는가? 이는 또한 무슨 취미인가? 종적은 드러나지 않았다고 하지만, 정부에서건 민간에서건 여기저기에서 이런 소문이 들리니, 이것이 곧 그가 내린 결정이다. 이미 선한 방향으로 향하였다 하더라도, 이로 인하여 스스로 분발하면 그에게 좋은 것이 되리라. 전 승지 정약용도 금정역 찰방으로 임명하니, 길을 떠나는 순간부터 다시 살아서 한강을 넘어올 방도를 모색하도록 하라.

금정역은 충청북도 홍주 지역에 있다. 임금께서 나를 이곳으로 보내신 이유는 간단했다. 역을 담당하는 관리들이 천주학을 많이 익히기 있었기 때문이다. 임금께서는 내가 직접 천주교를 금지하도록 나서줄 것을 명하신 것이다.

나는 그 명을 충실하게 받들고자 했다. 금정에 이르러 그 지역의 호족을 불러 정부가 천주교를 금한다는 명을 거듭 당부했다. 그리고 유교의 예식에 따라 제사 지내기를 적극적으로 권했다. 나는 내심 지역의 유학자들이 이런 말을 들으면 더욱 면목이 일신되는 효험이 있으리라고 여겼다.

이런 와중에 이삼환 선생을 온양의 석암사로 초청했다. 이삼환은 경기도 안산 출신으로, 1740년(영조 16)부터 종조인 성호 이익에게서 수학했다. 1746년 진사시에 장원으로 합격했으나 문과에 응시하지 않고 성호 선생의 가르침에 따라 학문 연구에 매진했다. 1763년 성호 선생이 돌아가자, 양부 이병휴가 《성호유고星湖遺稿》의 교정을 주도할 때 함께 참여했다. 1786년(정조 10년)에는 〈양학변洋學辨〉을 저술해 성호학

파 내에서 천주교 배척을 주도하기도 했다.

이때 내포 지역에서 명문가의 자제들, 이를테면 이광교, 이명환, 권기와 강이오 등 10여 명이 우리가 모인다는 소문을 듣고 달려왔다. 우리는 석암사에 모여 매일 공자를 비롯해 원시유교를 중심으로 하는 학문을 강론했다. 그리고 성호가 남긴 저작을 교정하고 10일 만에 모임을 해산했다. 또한 윤취협尹就敍과 이도명李道溟도 방문했는데, 모두 당시 뜻 있는 선비였다.

이루 헤아릴 수 없는 성은을 받다

그해 겨울이었다. 나는 다시 특별 교지를 받고 조정의 내직으로 자리를 옮겼다. 이때 이정운이 충청 지역 관찰사로 나갔다. 전 관찰사 유강이 공주 지역의 천주교 교도인 이존창을 체포할 때 그를 잡는 일에 참여한 적이 있었다. 이정운은 나에게 그 공로를 돌려 내가 다시 발탁되도록 도왔다.

임금께서는 내가 이존창 체포에 공로가 있다는 사실을 확인하고, 비밀리에 관찰사로 나가는 이정운에게 근무지에 도착하는 즉시 나와 관련한 내용의 상소를 하도록 명하셨다. 나에게 이 일을 계기로 중앙으로 다시 진출할 수 있는 길이 열리도록 해주신 것이다. 이익운은 또 임금의 유지를 전했는데, 나에게 사실을 조목조목 열거하며 이정운에게 부치도록 했다.

이에 나는 이렇게 말했다.

이는 옳지 못합니다. 선비가 등용이 되고 입신해 임금을 섬기면서, 이징
옥이나 이시애와 같은 역적을 잡았다고 하더라도 이것으로 공로를 삼기
에 부족합니다. 하물며 천주교를 숭배하던 이존창 같은 하찮은 자를 잡
은 일이 그리 대단한 일이겠습니까? 일찍이 나라의 발전을 위한 계책을
내거나 공로를 세운 적이 없는데, 지금 버젓이 그를 잡은 일을 과장해 임
금께 은혜를 요구할 수는 없습니다. 죽어도 감히 할 수 없는 일입니다. 바
라건대 임금의 뜻에 따름으로써, 저에게 부끄럽게 죽도록 하지는 말아 주
십시오.

임금을 모시는 신하로서 나의 생각은 단순했다. 관료로서 해야 할
당연한 일을 부풀려 보고하거나, 큰일도 아닌데 마치 큰 공이 있는 것
처럼 공로를 내세워서는 안 된다는 평소 생각을 말한 것뿐이다.

이징옥李澄玉(?~1453)과 이시애李施愛(?~1467)는 일찍이 반란을 일으켰
던 이들이다. 1453년(단종 원년), 세조께서는 단종을 보필하던 김종서金
宗瑞(1383~1453) 등을 참살해 효수했다. 그리고 함길도 도절제사 이징옥
을 한양으로 불러들이기 위해 박호문을 함길도 도절제사로 임명했다.
이징옥은 평소 김종서를 도와 북방을 개척하는 데 심혈을 기울였기
에 김종서 등과 각별한 사이였다. 박호문과 도절제사 자리를 교체할

때, 이징옥은 한양에서 어떤 일이 벌어졌는지를 물었다. 박호문은 이에 대해 자세하게 얘기했다. 이징옥은 자신도 죄를 면하지 못할 것임을 알았다. 이에 박호문과 도절제사 자리를 교대하고 떠나다가 60리쯤 가서 말을 멈췄다. 그리고 한참 뒤, 이징옥은 다시 돌아가 박호문과 그 일행들을 습격해 참수하고 난을 일으켰다.

이징옥은 북방의 여진족과 연락을 취해 스스로를 대금황제大金皇帝라 칭하며 남만주 지역의 오국성伍國城에 도읍을 정했다. 그러나 이징옥의 고향이자 세력 기반은 경상도였다. 주변의 여진족들도 이징옥에게 불만이 가득했다. 이징옥이 이들과 함께 나라를 건설한다는 것은 애당초 불가능한 일이었다. 군부 내에서도 자중지란이 있었다. 이징옥이 두만강을 건너기 위해 종성에 머물던 때였다. 반란이 실패할거라 생각하고 불안해하던 종성부사 정종과 호군 이행검 등이 변절해 이징옥을 습격했다. 이징옥은 두 아들과 함께 허무하게 피살되었다. 이징옥의 난이 끝난 다음 함경도 지역에 대한 조선의 차별 정책이 적극적으로 시작되었다. 이는 10여 년 뒤인 1467년(세조 13) 이시애의 난이 일어나게 되는 중요한 계기가 된다.

세조께서는 즉위 이후 지방에 중앙의 관리를 많이 파견하셨다. 중앙의 권력을 강화하기 위해서였다. 그리고 남쪽 사람들을 북쪽으로 이주시켜 여진의 세력을 꺾는 데 힘을 기울였다. 함길도에도 중앙에서 수령을 파견했다. 함길도 사람들은 이에 반발심을 품었다. 조정에서 호패법을 실시하면서 사람들의 자유로운 이주가 불가능해졌던 시기이기도 했다. 마침내 1467년(세조 13) 5월에 함길도 회령부사 이시애가 그의 본거지인 길주에서 군사를 일으켰다. 그는 함길도의 수령을 함길도 사람으로 삼을 것을 요구했다. 함흥 이북의 주군 사람들이 이에 호응했고, 각지의 유향소가 핵심 세력을 이루었다. 그러나 반군은 정부군에게 대패했고 이시애는 참수되었다.

나의 반박에 이익운은 무색해하며 돌아갔다. 나의 행동은 성심을 거스른 것이라고 한다.

이후 김이영이 또 금정역 찰방으로 재직하다가 돌아와서 다음과 같이 아뢰었다.

정약용이 금정에 있을 때, 성심껏 천주교의 무리를 깨우치면서 천주교를 금지했습니다. 벼슬살이 또한 청렴하고 부지런하며 성심껏 하였사옵니다.

또한 심환지沈煥之(1730~1802)도 임금께 이렇게 아뢰었다.

주문모 사건 이후 전하의 명으로 허물 있는 이에게 벼슬을 주는 일이 막혀, 정약용이 지금까지 제대로 풀리지 못 하고 있습니다. 그는 이미 쓸 만하고 또 금정에서 천주교를 깨우치고 그것을 금지한 바가 많았습니다. 그러니 그를 다시 받아들여 등용하소서.

그러자 임금께서 비로소 허락하셨다.

1796년(정조 20) 봄이었다. 형조에서 올린 보고서에 근거해 임금께서는 다음과 같이 말씀하셨다.

> 요즘 경연에 참여하던 여러 관료들의 말을 들으니, 지방 찰방에 관리로 나간 이들이 주변 일대를 성심껏 가르치고 천주교를 금지한 일로 눈에 띌 만한 효과를 거두었다고 한다.

이는 나를 두고 하신 말씀이다. 그리고 임금께서는 특별히 더욱 열심히 일하라는 뜻에서 중화척을 내려주셨다. 이어서 시 두 수를 내려 나에게 화답하는 시를 올리도록 하셨다.

임금께 책을 올리다

가을 무렵 임금께서는 검서관 유득공柳得恭(1748~1807)을 보내 《규장전운옥편奎章全韻玉篇》의 의례에 대해 이가환과 나에게 질문하셨다. 겨울이 되자 나를 불러 규영부에 들게 해 이만수, 이재학, 이익진, 박제가 등과 함께 《사기영선史記英選》을 교정하도록 명하셨다. 그리고 자주 임금의 명을 마주해 대답하며 책의 이름을 논의해 정했다. 이때 날마다 진기한 음식을 내려 배불리 먹여주시고, 또 쌀·땔나무·꿩·젓갈·감·귤 등과 진기한 향과 물건을 자주 하사하셨다.

이해 12월, 나는 병조참지로 재직하게 되었다. 그리고 얼마 뒤에 우부승지 자리로 옮겨갔다가 좌부승지로 승진했다.

1797년(정조 21) 봄이었다. 대유사에서 임금을 뵙고 융숭한 식사 대접을 받았다. 임금께서는 화식전貨殖傳과 원앙전袁盎傳에서 뜻이 의심나는 부분을 질문하셨다. 또 임금의 명을 받들어, 교서관에 나아가 이서구와 윤광안, 이상황 등과 《춘추좌씨전春秋左氏傳》을 교정했다. 뿐만 아니라 나를 성균관의 시험관으로 삼아 과거 답안을 평가하게 하셨으니, 모두 임금께 받은 특별한 은총이었다.

6월에는 다시 승정원에 들어가 동부승지가 되었다. 이에 동부승지 자격으로 상소를 했는데, 본말을 환하게 진술해 비방을 초래하게 된 이유에 대해 아뢰었다. 그 내용은 대략 다음과 같다.

말을 박절하지 않게 하여, '책을 보았다'라고 한 것입니다. 진정으로 책을 보는 데만 그쳤다면 어찌 갑자기 죄를 줄 수 있겠습니까? 일찍이 마음으로 흔연히 좋아하고 사모했으며, 일찍이 거론해 세인들에게 자랑하였습니다. 하여 그 본원의 심술에도 일찍이 기름이 배어들고 물이 스며들며 뿌리가 내리고 가지가 우거지듯 하였으나, 스스로 깨닫지 못 하였습니다.

이렇게 반복해 수천 글자로 지어서 그 이유를 아뢰었다. 임금께서는 다음과 같이 이르셨다.

착한 실마리의 싹이 부지런하게 자라기가 마치 봄에 훈훈한 기운이 돌아

만물이 자라나는 것과 같다. 이를 종이에 가득하게 스스로 열거하니, 말이 듣는 이에게 충분히 느끼게 할 만하다.

경연에 참여한 관료들도 또한 나를 위해 말하는 자가 많았다. 이에 임금께서 기뻐하며 장려하셨다. 마침 곡산 도호부사가 강등되어 교체되는 시기였다. 임금께서 직접 나의 이름을 써주셔서, 나는 어찌할 줄 몰라하며 적극 사양했다. 이에 임금께서 이렇게 말씀하셨다.

지난 날의 상소는 글이 좋고 마음에 우러난 것이 밝았는데, 이는 실로 쉽지 않은 일이다. 그대를 바로 등용해 쓰고 싶으나, 이런저런 말이 매우 많으니, 무슨 까닭인지 모르겠다. 서운하게 여기지 말라. 한두 해 늦더라도 마음 상할 것 없다. 장차 자네를 부를 것이니 서운하게 여기지 말라.

당시 높은 벼슬에 있는 자들 가운데 나를 참소하고 미워하는 자가 많았다. 이를 보고 임금께서는 일종의 화를 식힐 수 있는 시간을 마련케 해 나에게 지방 관직으로 재직한 다음 다시 중앙에 있을 수 있도록 배려하셨다.

이보다 앞서 임금께서는 김이교, 김이재, 홍석주, 김근순, 서준보 등여러 관료들에게 《사기선史記選》을 편집해 뜻을 풀이하게 했다. 편집하여 뜻을 풀이한 책이 올라오자, 그 번다함을 못마땅히 여겨 다시 편집해 정돈하려고 했다. 이를 계기로 임금께서 이렇게 말씀하셨다.

곡산은 한가한 고을이니, 거기에 가서 그 책을 편집하고 풀이하며 정돈하기 바란다.

나는 명령을 받고 물러나 공문서를 살피는 틈틈이 이를 깊이 연구해 수정했다. 책이 완성된 뒤에 내각을 통하여 올렸더니, 이만수가 답변을 보내왔다.

"책을 임금에게 올리자, 전하의 뜻에 꼭 맞았다."

백성을 살피고 폐단을 막다

곡산 사람 가운데 이계심이란 자가 있었다. 그 본성이 타인의 단점이나 폐단을 말하기 좋아했다. 이전의 곡산 부사 때는 포수보 면포 한 필을 돈 900전으로 대체해 징수했다. 그러자 이계심이 천여 명을 거느리고 관청에 들어가 다퉜다. 관청에서는 그를 형벌로 다스리려고 했다. 그때 천 명이 벌떼처럼 이계심을 옹호하며 계단을 밟고 올라가면서 떠드는 소리가 하늘을 진동했다. 관청의 관리들과 아전들이 몽둥이를 휘두르며 이들을 내쫓으니 이계심 또한 달아나버렸다. 오영에서 그를 잡으려고 수사했으나 끝내 잡지 못 했다.

내가 곡산 지역에 이르렀을 때였다. 이계심이 나타나 사람들에게 피해를 주는 일에 관한 민폐 10여 조가 적힌 호소하는 편지를 가지고 길옆에 엎드려서 자수했다. 측근들이 그를 잡기를 청했으나 나는 간단하게 말했다.

"그럴 필요 없다. 이미 자수하였다. 달아나지는 않을 것이다."

그리고 한참 후에 그를 석방하면서 이렇게 말했다.

관청이 밝지 못한 까닭은, 사람들이 자신을 위한 계책을 잘 세우고 폐단
을 들어 관청에 대들지 않기 때문이다. 너 같은 사람은 관청에서 엄청난
돈을 주면서라도 들어야 할 것이다.

이에 중앙에 상납하는 포목은 직접 면전에서 재어보고 받았다. 향
교에 있는 《오례의伍禮儀》에는 〈포백척도布帛尺圖〉가 실려 있다. 그것을
시용척時用尺과 비교해 보니 2촌이 차이가 났다. 이를 해결하기 위해
포백척도를 참고해 자를 만들어 기필코 경영의 동척과 합치되도록 한
다음에 포목을 받았다. 그러자 사람들이 편리하게 여겼다. 그 이듬해
포목이 더욱 귀해졌다. 나는 칙수전勅需錢 및 관봉전官俸錢 이천여 냥을
내어 관서 지역에서 포목을 사서 중앙에 바칠 것을 충당했다. 그 대가
를 사람에게 거두어서 갚았는데, 모두 이백 전에 불과하므로, 사람들
이 각기 집에 송아지 한 마리를 얻었다고 했다.

나랏법에 모든 창고 곡식은 반드시 차례(巡)를 나눠 나눠주도록 했
는데, 어떤 것은 8~9순에 이르렀다. 나는 늘 하루에 서너 고을의 사
람들을 불러 일시에 모두 바치게 했다. 관례적으로 드는 비용을 줄이
고 그 왕래를 간편하게 할 수 있었기 때문이다.

1798년(정조 22) 겨울이었다. 양곡의 수납을 거의 마치자 호조판서

정민시가 곡산의 미곡 칠천 석을 팔아 돈을 마련할 것을 요청했다. 그해는 크게 풍년이 들어 쌀값이 한 섬 15두에 200전에 불과했다. 통상적인 쌀값은 420전이었다. 나는 쌀을 돈으로 바꿔 마련했을 때의 이해득실을 조목조목 열거해 상부에 보고하고, 사람들에게 독촉해 모두 수납하게 한 다음, 양곡은 창고에 보관해두고 지시를 기다렸다.

그러자 정민시가 아뢰었다.

나라가 나라 구실을 하는 것은 기강이 있기 때문이옵니다. 호조의 관료들이 요청하여 임금께서 허락하시고 감사가 포고하였는데도, 곡산 지방의 수령이 완악하게 따르지 않으니 어찌 나라꼴이 되겠습니까. 정약용에게 죄를 주어 징계하소서.

임금께서 처음 올린 보고서를 가져다 보시고 이르셨다.

무릇 호조의 관리들이 하는 일은 전국의 시장 물가를 두루 살펴 값이 싸면 사들이고 비싸면 파는 것이었다. 지금 호조판서가 싼 곡식을 팔아 비싼 돈을 장만하려 하니, 정약용이 따르는 것이 또한 옳지 않은가?

당시에는 호적 정리 기간이 되면 세금을 많이 받으려고 하급관리들이 사람들을 윽박질러 호의 수를 늘렸다. 사람들은 앞 다퉈 관리들에게 뇌물을 바치면서 호구를 늘리지 말아줄 것을 바랐다. 이 때문에 피

폐한 마을은 날로 말라 시들어지고 부유한 마을은 날로 넉넉해져서 사람들이 재물을 쓰는 것이 공평하지 않았다.

나는 먼저 토지와 재산을 기록한 장부인 침기부砧基簿를 작성했다. 가로 세로의 상황이 어떤지 종횡표를 만들고 지도를 작성해 가로 세로로 선을 그은 경위선을 두고 사람들이 모자라는 부분과 알찬 부분, 강점과 약점을 파악하고, 각 지역의 트이고 막힌 것, 긴급한 것과 느슨한 일 등을 두루 살폈다. 이 때문에 문서로만 감독하고 관리하던 것을 해체하고 관청에서 직접 부유한 마을과 가난한 마을을 파악해 유연하게 호구를 늘리거나 줄였다. 그렇게 하자 집집마다 부과해야 할 세금이 집안 사정에 맞게 되었다. 며칠이 지나지 않아 가구 수와 식구 수 등을 기록한 호적단자가 일제히 도착했는데, 한 사람도 원통함을 호소하는 자가 없었다.

지방의 관리들이 군대에 갈 장정들을 뽑아 올릴 때마다, 그 집안사람이 가난하고 외롭고 병든 것을 미리 파악한 다음 관리가 뽑아 올리는 것에 맞춰 이렇게 꾸짖었다.

어떤 사람은 새로 다른 지역으로부터 이사를 왔고, 그 처지는 홀아비에 다리에 장애가 있는 사람인데, 어떻게 군대에 가서 복무할 수 있겠는가?

지방의 관리들은 깜짝 놀라며 감히 다시는 그에 대해 말하지 못 했다. 이는 모두 침기표를 이용해 알게 된 것이지, 다른 방법이 있었던 것은 아니었다.

　절도사 정학경이 군대에 복무할 장정을 정돈하면서, 장부에 거짓으로 기록하고 죽은 사람의 경우에도 그대로 등록해 붙이기에 내가 이에 대해 심각하게 말했다.

　무엇 때문에, 왜 그렇게 합니까? 일반 사람들에게 군대에 가지 않고 군역을 면제해 주는 대신 받는 삼베나 무명은 거짓으로 등록하는 것보다 좋은 것이 없고, 군대에 갈 장정을 등록하는 일은 죽은 사람을 그대로 등록하는 것보다 더 좋은 방법이 없습니다. 절대로 일을 그릇되게 만들지 마십시오.

그러나 정학경은 이를 깨닫지 못 했다.
내가 다시 그 중요성과 방법에 대해 말해줬다.

　각 마을마다 군포를 납부하기 위해 조직한 계모임인 군포계軍布契가 있고, 마을에서 도망간 자의 세금을 부담하기 위해 각 마을에서 공동으로 경작하던 토지인 역근전役根田이 있습니다. 이것이 바로 호포戶布입니다. 호포는 각 호를 단위로 면포나 저포를 징수하던 세제입니다. 서민들의 각 호에 대해 요역 대신으로 포를 징수했는데, 충청·황해·강원·경상·전라도 등에 부과하는 것입니다. 이 호포를 국가에서 서둘러 시행하려 했으나 행하지 못 한 것입니다. 사람들이 스스로 행하는데 무엇 때문에 이를 어지럽게 하겠습니까?

　이후로 군정과 호포에 대한 일이 마침내 정지되었다.

　지방의 관청을 세우고, 관청 소유의 건물을 수리하는 데 이전의 여러 창고와 관청을 세우고 수리했던 사례와 법도를 폐기하고 새롭게 법도를 만들어 실천했다. 이전에는 비용이 부족할 때마다 다시 각각 서민의 집안에서 그 비용을 거두어들였는데, 새로운 법도에 따라 충족하니 여유가 있었다. 그 뒤부터는 지방의 수령이 그것을 고치려 하면 지방 관리와 서민들이 모두 안 된다고 고집하므로, 마침내 한 조목도 고치지 못 했다.

역병을 통해 앞날을 내다보다

1798년(정조 22) 늦겨울이었다. 천연두가 서쪽으로부터 급속하게 밀려들어왔다.

　나부터 먼저 그 병에 걸렸다. 읍내의 늙은이가 이 병에 걸리면 반드시 죽고 마니, 며칠이 되지 않아 초상 치르는 곡소리가 온 지역에 진동했다. 나는 사람들에게 서로 치료할 수 있도록 권장하고, 곡식을 풀어 그 위급한 상황을 구휼했다. 또한 주인 없이 거리에 내버려진 시신을 수습해 장사를 지내줬다.

　1799년 새해가 되었다. 나는 바야흐로 이불을 뒤집어쓰고 있으면서 칙수감리勅需監吏를 재촉해 불렀다. 그리고 빨리 배천의 강서사에 가서 젖은 땅에 깔 문석紋席을 사오라고 명령했다. 주변의 모든 사람들이 놀라며 왜 그러는지 깨닫지 못 하고, 황제의 명령을 전달하는 칙사가 오느냐고 묻기만 했다. 나는 그런 것이 아니니, 어서 가도록 하라고 했다. 감리가 배천에 가서 문석을 사 가지고 돌아오는 길에 평산부에 이르렀는데, 의주의 파발마가 이렇게 말하면서 나는 듯이 달려 지나갔다고 했다.

"황제가 붕어하시어 칙사가 온다!"

감리가 돌아오자, 온 곡산 지역의 사람들이 깜짝 놀랐다. 이에 나는 다음과 같이 말했다.

이상할 것이 없다. 전염병이 서쪽으로부터 와서 노인들이 모두 죽었지 않은가? 그러니 나도 그런 것을 짐작으로 칙사가 오는 것을 알았을 뿐이다.

그해 봄이 되자, 임시 호조참판으로 황주 영위사迎慰使가 되어 황주에 50일 동안 머물렀다. 임금께서 비밀리에 나에게 염탐을 명하셨다. 도내의 수령들이 착한 일을 하는지 나쁜 짓을 일삼는지, 손님들을 어떻게 대접하는지를 조사해 부정부패가 있는 부분이 없는지 등을 조사하도록 이르신 것이다. 수령이 수령을 염탐하며 살피는 것은 퍽 드문 일이었다.

교화와 형정으로 다스리다

이에 앞서 도내에 의심이 가는 옥사가 두 건 있었다. 나는 이에 대해 비밀리에 임금께 고했다. 그러자 임금께서 감사에게 명령을 내려 조사하도록 했다. 감사 이의준이 나를 사건담당관으로 임명해 조사하게 하자 두 건의 옥사가 모두 해결되었다.

그해 여름에는 큰 가뭄이 들었다. 가뭄이 든 만큼 사고도 많았다. 임금께서는 여러 가지 중대한 범죄를 다루는 일인 옥사에 대해 심리를 하려고 하셨다. 그러면서 내가 옥사를 심리하는 것이 정당하고 뜻에 맞는다고 하시며 마침내 나를 병조참지로 임명하셨다. 나는 한양으로 올라오는 도중에 다시 동부승지로 임명을 받았는데, 한양에 들어오니 또 형조참의로 임명을 받았다.

경연에 나아가니, 임금께서 형조판서 조상진에게 이렇게 말씀하셨다.

경은 지금 나이가 들어 늙었고, 형조참의(정약용)는 젊고도 총명하오. 그러니 경은 편히 쉬면서 모든 일을 형조참의에게 맡기도록 하오.

형조판서는 임금의 당부를 받고, 모든 옥사의 처리와 결정을 나에게 위임했다. 이때 원래의 죄를 다시 조사하니, 무죄로 하거나 감형한 사례가 많았다.

누군가 억울하게 옥사에 걸렸는데, 자신이 너무 늙었다고 하면서 진실을 밝히려 하지 않았다. 이에 내가 나서서 처음부터 차근차근 조

사한 내용을 다시 검토해 그 원통함을 밝혀냈다. 임금께서도 형조의
앞마당에서 죄가 없으니 풀어주라고 하시면서 의관을 내주었다.

장군 이성사가 여자 종을 하나 샀다. 그런데 이성사가 죽자 그를 둘
러싸고 소송이 걸렸다. 이때 마침 사헌부와 사간원에서 이성사의 소
송과 관련해 이런 저런 말들이 새어나오자 임금께서 대단히 성노하셨
다. 이에 명하시니, 이성사의 손자를 잡아 곤장 백 대를 때리며 문초
했다. 임금께서 위엄을 매우 엄중히 하며 고문하는 상황을 살피게 하
니, 온 관청이 두려워했다. 이때 내가 말했다.

"진실로 고문을 혹독하게 하면 죽을 뿐이다. 선비를 죽이는 것은 임
금의 본의가 아니다."

그리고는 주의를 줘, 맞아야만 할 곤장의 수만 채운 다음 무죄임을
아뢰었다. 그러자 임금의 뜻이 풀어졌다.

어떤 죄인 하나가 공물에 대해 농간질을 하며, 그것을 팔아먹고는
이렇게 핑계를 댔다.

"공물과 관련된 공문서는 화성에서 얻을 수 없소."

이에 나는 그 죄인을 신문하면서 다그쳤다.

"하찮은 서민 주제에 감히 임금께서 하시는 화성을 빙자하여 성사城
社로 삼으려 하는데, 그게 가능한 일인가?"

성사는 성호사서城狐社鼠의 줄임말로, 성에 있는 여우를 없애려 하지
만 성이 무너질까 두렵고, 사당에서 살고 있는 쥐를 소탕하려고 하지
만 사당이 탈까 두렵다는 의미이다. 즉 당로의 세력을 빙자해 행하는

鄭氏注　賈公彥疏

秋官司寇第五 [疏]

鄭目錄云象秋所立之官寇害也秋者逎也如秋殺殺害收聚

做藏於萬物也天子立司寇使掌邦刑刑者所以馭恥惡納人於善道也

惟王建國辨方正位體國經野設官分職以為民極 [疏]惟王至民極〇釋曰義已具在天官乃立秋官司寇使

帥其屬而掌邦禁以佐王刑邦國也 [疏]注禁所以防姦者也者案士師五禁以左右不

禁所以防姦者也刑所以正人之法者〇倒音刑〇倒側也刑罰施罪過王者恐民以姦入罪故先設禁示之防其姦惡若有不

過出罪施於刑者侀也〇倒音刑〇倒側也刑罰施罪過王者恐民以姦入罪故先設禁示之防其姦惡若有不

孝經說曰刑者侀也侀者成也一成而不可變故云刑正人之法也云孝經說曰行刑者所以著人

止殺故云正人之法也云孝經說曰行刑者所以著人

章曰刑者侀也過出罪施於刑者侀也過出罪施者下侀為著也者行刑者所以著人

《주례》〈추관사구秋官司寇〉 가운데. 성리학에 따르면 봄은 덕德을 가리키고 가을은 형을 상징하며 형벌보다는 교화가 먼저였다.

나쁜 짓을 뜻한다. 여기서 죄인이란 당시 임금의 특별 명령으로 시행하고 있던 화성의 성역화를 빙자해 공물을 농간질하는 존재를 말한다. 그런 나의 신문이 있은 뒤, 이틀 만에 공문서가 이르렀다.

임금께서 이렇게 말씀하셨다.

네가 원래 황해도 시골로부터 왔으니 지방 사정을 잘 알 것이다. 지방에서 갖고 있는 폐해와 사람들의 폐해가 무엇인지 확인하여 보고하도록 하라.

그래서 나는 초도椒島에 방목하는 소에 관해 그 실상을 보고했다. 이에 임금께서는 소에 관해 여러 사항을 기록한 장부인 우적을 모두 제거하도록 명하셨다. 또 임금의 명을 전달하는 칙사勅使의 영접에 대한 모든 폐단을 아뢰니, 임금께서 이렇게 말씀하셨다.

이상시수李相時秀가 중국의 사신을 멀리까지 나가 맞아들이던 원접사를 갓 지냈으니, 거기 가서 의논하도록 하라.

그 후에 낭비될 만한 것은 모두 보고해 없애도록 명하셨다.

소인배들의 시기를 받다

이때 임금께서는 나를 특별히 돌봐주시면서 그 총애가 점점 깊어져 밤중이 되어서야 나를 놓으셨다. 나를 좋아하지 않는 자들은 이를 시기했다. 홍시보는 나에게 이렇게 말했다.

그대는 삼가시오. 하인 가운데 옥당의 서리를 하는 자가 있는데 이렇게
말합니다. '정공이 주상전하와 밤에 독대하는 것이 끝나지 않으면 옥당이
서리를 보내 감시하고 조심하게 하느라 잠을 못 잔다'라고 말이오. 상황
이 이런 지경인데, 그대가 견딜 수 있겠소?

얼마 지나지 않아 대사간 신헌조가 권철신을 지목해 논의하고, 드디
어 나의 형에 대해서도 논급했다. 임금께 아뢰는 말이 끝나기도 전에 임
금께서 노하셔 견책하셨는데, 그것을 공포하지 않아 나는 내용을 제대
로 알지 못 했다. 그러자 사헌부의 관리였던 민명혁이 또 나에게 혐의를
무릅쓰면서도 공무를 집행하고 있다고 논의했다. 나는 아프다는 핑계
를 대고 나가지 않았는데, 한 달이 넘어서야 인사조치가 이루어졌다.
그해 겨울, 서얼 출신인 조화진이란 자가 긴급사항이라고 하면서
상부에 이런 내용을 보고했다.

이가환과 정약용 등이 비밀스럽게 천주교를 주장하여 모반을 도모하는
데, 한영익이 그의 심복이옵니다.

임금께서 그것이 아무 근거가 없음을 파악하시고, 긴급 서신을 이
가환 등에게 펼쳐 보여주셨다. 그리고 또 이렇게 말씀하셨다.

한영익이 예전에 중국의 천주교 신부인 주문모가 왔을 때 그 일을 고발하였는데, 어떻게 그가 천주교의 심복이 될 수 있겠는가!

그리고 내각의 관리인 심환지와 충청관찰사 이태영이 모두 그것을 근거 없는 일이라고 하니, 그 일에 대한 논의가 중지되었다.

예전에 조화진이 한영익에게 구혼을 한 적이 있었다. 그러나 한영익이 이를 듣지 않았다. 대신 그의 누이동생을 나의 동생 약황에게 시집보냈다. 이 때문에 조화진이 앙심을 품고, 한영익을 죽이려고 하면서 나에게까지 그 폐해가 미치도록 한 것이었다.

임금께서 한 질의 책을 모두 읽고 나면, 글방에서 학동이 책 한 권을 떼거나 베껴쓰는 일이 끝난 다음 선생과 동료들에게 한 턱을 내듯이, 매번 태빈太嬪이 음식을 갖춰 세서례洗書禮를 행하며 여염의 어린 아이들의 풍속을 따랐다. 이러한 상황에서도 임금께서는 이를 위해 시를 짓고, 나에게 그 시에 화답하도록 하셨다.

1800년(정조 24) 봄이었다. 주변에 나를 참소하고 시기하는 자가 많음을 알게 되었다. 이제는 임금의 곁에서도 떠나야 할 시기가 되었음을 직감했다. 그래, 전원으로 돌아가 정쟁과 권력의 칼날을 피하자. 하여 처자식을 거느리고 고향인 마현으로 돌아갔다. 며칠이 지나지 않아, 임금께서 이 소식을 듣고 내각에게 재촉해 나를 부르셨다. 조정으로 돌아오자, 임금께서는 승지를 통해 이렇게 말씀하셨다.

규영부는 지금 세자를 가르치는 시강원인 춘방이 되었다. 근무할 처소가 정해지기를 기다리면서 조정으로 들어와 서적을 교정하라. 내가 어찌 그를 버리겠는가.

하늘이 무너지다

●

6월 12일이었다. 달밤에 한가로이 앉아 있는데, 문득 문을 두드리는 소리가 났다. 누군가 보았더니 내각의 서리였다. 그는 《한서선漢書選》 열 건을 가지고 와서 임금의 말씀을 전했다. 그것은 자상한 위로였다.

오래도록 서로 보지 못하였으므로 그대를 불러 서적을 편찬하려 한다. 주자소鑄字所를 새로 고쳐서 벽이 아직 마르지 않았다. 그믐 무렵이면 들어와서 만날 수 있을 것이다.

그리고 또 이렇게 말씀하셨다.

이 《한서선》 다섯 건은 학자들의 저서이므로 그대로 남겨 두고, 다섯 건은 제목을 써서 도로 들여보내는 것이 좋겠다.

이에 대해 내각의 서리가 말했다.

"전하실 말씀을 하실 때에 안색이 몹시 그리워하고, 말씀하시는 뜻이 따스하고 정성스러웠는데, 좀 특이한 일이었습니다."

서리가 나간 뒤 나는 눈물을 흘렸다. 마음이 울컥하고 편하지 못 했다. 그 다음날부터 임금의 옥체가 편하지 않았다.

6월 28일, 임금께서 승하하셨다. 바로 그날 밤에도 서리를 보내 서적을 하사하시며 이것저것 물으셨는데, 그것이 영원한 작별이 되었다. 임금과 신하의 관계와 정이 그날 저녁에 마무리된 것이다. 이 일을 생각할 때마다 눈물이 비 오듯 쏟아진다. 승하하시던 날, 급보를 듣고 홍화문 앞에 이르러 조득영趙得永(1762~1824)을 만나 서로 가슴을 치며 목 놓아 통곡했다. 빈전 안에 임금의 관을 둔 곳인 찬궁을 바르던 날, 숙장문 옆에 앉아 조석중曺錫中과 슬픔을 말했다.

《정조국장도감의궤》〈반차도〉 가운데

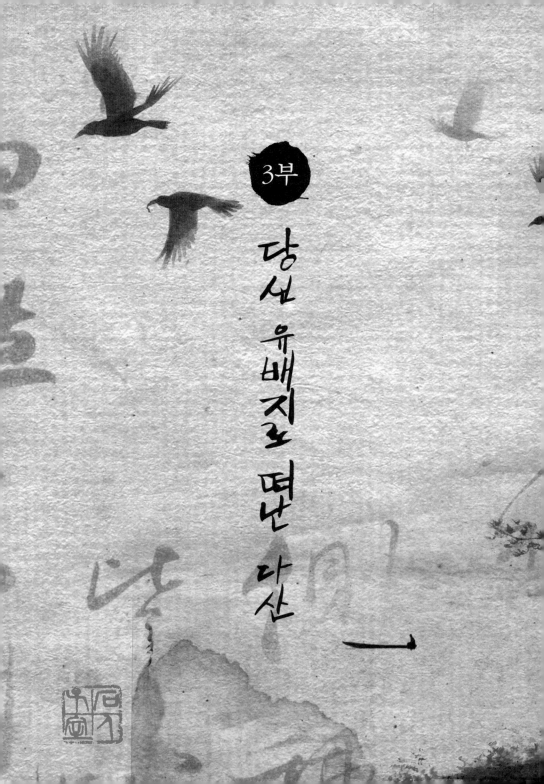

3부

당신 유배지로 떠난 다산

岸小方誰住
者瀑泉聲出
對頭山

洌樵

유배의 여명

●

임금께서 승하하시고 5개월 만에 장례를 마치고 상복을 벗고 나니, 조금씩 말이 들려왔다. 악당들이 기뻐 날뛰며 날마다 유언비어와 위태로운 말을 지어내 듣는 자들을 미혹시키고 있었다. 심지어는 이런 말마저 들려왔다.

"이가환 등이 장차 난을 일으켜 4흉(凶)과 8적(賊)을 제거하려 한다."

이때 4흉과 8적의 명단 가운데 절반은 당시 재상과

명사를 열거하고, 절반은 <u>스스로</u> 그들의 붕당으로 수를 채워, 시정잡
배들의 노여움을 격동시켰다.

　나에게 닥칠 화색禍色이 점점 짙어지고 있음을 직감했다. 날로 사정
은 급해졌다. 처자식을 고향마을 마현리로 돌려보내고, 홀로 한양에 머
물면서 시세를 살피고 있었다. 겨울에 임금의 상복을 마친 뒤에는 한강
가의 소내로 아주 돌아왔다. 초하루와 보름에만 곡반哭班에 나아갔다.

새 임금께서 오시다

해가 바뀌어 새 임금께서 오르셨다. 1801년(순조 1) 봄, 태비인 정순왕
후가 천주교를 믿거나 관련된 사람에게 엄벌을 내리겠다는 명령을 내
렸다. '코를 베어 멸망시키겠다!'라는 강력한 경고도 나왔다. '코를 베
어 멸망시키겠다!'라는 '의진멸지劓殄滅之'는 《서경書經》〈반경盤庚〉에 나
온다. 은왕은 "착한 마음 없이 도를 배반하는 것만을 생각하는 등, 악
한 일을 행하는 자는 중형에 처해 세상에 존재할 수 없게 하고, 그 자
손도 길이 존속하지 못 하도록 처분할 것이다"라고 했다. 이 말을 인
용해 천주교에 관련된 사람을 처형하겠다는 뜻을 내린 것이다.

　정월 그믐날, 이유수와 윤지눌이 편지로 책을 넣어두는 궤짝인 책
롱에 대해 상의하려고 통보해 왔다. 나는 빨리 말을 달려 도성으로 들
어갔다. 이른바 책롱에는 5~6인의 문서가 섞여 있는데, 그 가운데 나
의 집 서찰이 들어 있었다. 윤행임이 그 상황을 알고 이익운과 의논한
후 유원명을 시켜 상소했다. 나를 잡고 문의함으로써 화의 칼날을 누

그러뜨리려는 의도에서였다. 최헌중과 홍시보, 심규, 이석 등도 모두 그것을 받아들이도록 적극 권했고, 일종의 전화위복이 되게 하려고 애썼다. 그러나 나는 이들의 요청을 일체 받아들이지 않았다.

거듭 누명을 쓰다

2월 8일, 사헌부와 사간원 양사에서 죄가 의심스러워 임금께 보고한다는 구실을 핑계로 이가환, 정약용, 이승훈을 신문하기를 요청했다. 우리 모두는 감옥에 갇히게 되었다. 나의 형 약전과 약종, 이기양, 권철신, 오석충, 홍낙민, 김건순, 김백순 등도 모두 차례로 옥에 갔혔다.

그런데 그 문서더미 가운데에는 도리어 나의 누명을 밝게 벗길 만한 증거가 많았다. 이에 형틀을 벗기고 의금부 안에서만 풀어줬다. 여러 관료들이 때때로 나를 불러 함께 옥사에 대해 논의했다.

위관 이병모는 이렇게 말했다.

"곧 석방할 것이니 식사를 많이 들고 자중하게."

또 심환지는 이렇게 말했다.

"허허, 혼인한 집안의 벗이여! 믿을 수 없는 일이네."

지의금부사 이서구와 승지 김관주가 신문을 되풀이하며 죄를 공평하게 하고 너그러이 용서한 것이 많았다. 그리고 죄인의 신문에 참여하는 참국승지 서미수는 기름 파는 노파를 몰래 불러 감옥의 사정을 나의 처자식에게 알렸다. 그리하여 나의 죄질이 가벼워 죽을 염려가 없음을 알게 하고, 식사를 많이 들며 살라고 권했다.

여러 관료들이 대부분 내가 석방되기를 논의하는데, 암행어사 당시 얽혔던 서용보만이 석방시켜서는 안 된다고 고집했다. 그래서 나는 경상도 포항의 장기현으로 귀양살이를 가게 되었고, 나의 형 약전은 전라도 완도의 신지도로 유배지가 정해졌다. 그러나 나의 형 약종을 비롯한 나머지는 모두 중형을 면하지 못 했다. 이기양은 함경도 단천으로, 오석충은 전라도 신안군의 임자도로 귀양을 갔다.

이때 나쁜 무리들이 내가 죽지 않았음을 알고 흐트러진 문서더미 가운데 세 가지 원수, 즉 삼구三仇의 설을 찾아내 억지로 정씨 집안의 문서로 정해 우리가 어려운 지경에 빠지도록 꾀했다. 하여 나의 형 약종에게 최고형을 적용해 내가 재기할 수 있는 길까지도 막았다. 삼구의 설은 천주교에서 말하는 것으로, 첫째는 자기의 몸이고, 둘째는 세속이며, 셋째는 마귀이다. 삼구의 설은 익찬 안정복安鼎福(1712~1791)의 저서에 분명히 그 해설이 담겨 있다. 우리 정씨 집안의 것이라는 주장은 없는 사실을 그럴 듯하게 꾸며 우리를 어려운 지경에 빠지게 만드려는 흉계임이 분명하다. 이해 여름에 옥사가 더욱 만연해 왕손 이인, 척신 홍낙임, 내각 관료 윤행임 등이 모두 새 임금께서 내리신 사약을 받았다.

유배의 시작

●

나는 장기에 이르러 《기해방례변己亥邦禮辨》을 짓고, 《삼창고훈三倉詁訓》

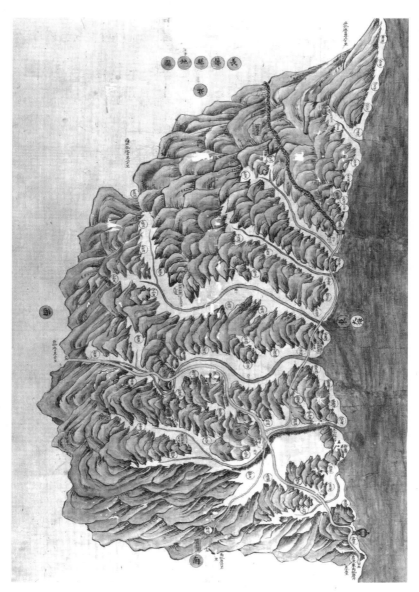

정약용의 귀양지 가운데 하나였던 장기현 지도, 1872년

을 고증하고, 《이아술爾雅述》 6권을 짓고, 끊임없이 시를 읊으면서 세월을 보내고 있었다.

겨울이 되자 역적 황사영이 체포되었다. 나쁜 무리들인 홍희운과 이기경 등이 온갖 계책으로 조정을 위협해 스스로 사헌부의 관리로 들어가기를 요구했다. 그리고 미심쩍은 부분을 다시 조사해 새 임금께 보고한다는 구실로 나를 비롯해 여러 사람을 다시 신문하기를 요청했다. 반드시 우리를 죽이고 난 후에야 멈추겠다는 심산이었다. 홍희운은 홍낙안의 다른 이름이다.

이때 정일환이 충청도로부터 돌아와서, 내가 곡산부사로 나갔을 때 선정을 베풀었던 공로가 있으므로 죽여서는 안 됨을 적극적으로 말했다. 또한 "죄수가 범죄 사실을 진술하는 일에 나오지 않으면 죄인을 잡으려고 포교를 보내는 법은 없다"라고 하면서, 심환지에게 동요하지 말라고 권했다. 이에 심환지가 태비에게 요청하니, 태비가 허락했다.

봄에 죄인들에 대한 보고를 새 임금께 드렸다. 이에 나의 형 약전, 나, 그리고 이치훈, 이관기, 이학규, 신여권 등이 또 체포되어 옥에 갇혔다. 당시 재판관인 위관이 불리한 내용이 담긴 문서를 나에게 보여줬다. 나는 이렇게 말했다.

반역의 변고가 이런 지경에 이르렀는데, 조정에서는 어찌하여 그렇게 생각이 미치지 않습니까?

서양 서적을 한 글자라도 본 사람은, 죽음은 있어도 살 길은 없다. 그러나 일을 자세히 살펴서 증거를 세워보니 모두 그들과 관여된 형상이 없었다. 또 여러 관료들도 예설禮說·이아설爾雅說 및 전에 지은 시율詩律 등 입수한 문서를 보니, 모두 평안하고 정밀하며 적과 교통한 흔적이 없었다. 그러므로 연민의 마음이 들어 우리들이 무죄임을 아뢰었다.

태비인 정순왕후도 죄인들에 대한 보고가 무고임을 파악하고, 여섯 사람 모두를 정상 참작해 놓아주도록 명령했다. 그러나 호남 지역은 아직 남은 걱정거리가 있다고 해, 나의 유배지를 전라도 강진으로 정했고, 나의 형 약전은 전라도 흑산도로 유배지를 정했으며, 나머지도 모두 호남과 영남으로 유배지를 정했다.

이때 윤영희가 나의 생사를 알려고 대사간 박장설을 방문해 감옥의 실정을 물었다. 마침 홍희운이 오므로 윤영희가 이를 피해 옆에 딸린 작은방으로 몸을 숨겼다. 홍희운이 말에서 내려 방에 들어와서는 발끈 성을 내며 말했다.

"천 사람을 죽이더라도 정약용을 죽이지 않으면 죽이지 않는 것만 못 한데, 공은 어찌 힘껏 간절하게 말하지 않습니까?"

그러자 박장설이 말했다.

"그가 스스로 죽지 않는데 내가 어떻게 죽이겠소."

홍희운이 가고 나서 박장설이 윤영희에게 이렇게 말했다고 한다.

"답답한 사람이오. 죽일 수 없는 사람을 죽이려고 큰 옥사를 다시 일으키고, 또 나에게 간절하게 말하지 않는다고 책망하는구려."

유배, 강진 시절

●

돌이켜보니 내 삶의 대부분은 유배를 감내하는 시간이었다. 나는 유배지인 강진에 이르러 문을 닫아걸고 사람을 만나보지 않았다.

1802년(순조 2) 여름이었다. 현감 이안묵이 또 하찮은 일로 무고를 당했는데, 사실이 아니자 곧 사건을 마무리했다.

1803년 겨울에는 태비가 특별 명령으로 나와 채홍원을 같이 석방하려는데, 상신 서용보가 이를 저지했다.

1808(순조 8) 봄, 나는 거처를 다산茶山초당으로 옮겼다. 거기에 대를 쌓고 못을 파서 꽃과 나무를 여기저기 심고 물을 끌어들여 비류폭포를 만들었다. 그리고 동암과 서암, 두 암자를 수리해 장서를 천여 권이나 두고 글을 지으면서 스스로 즐겼다. 다산은 만덕사 서쪽에 있는데, 처사 윤박의 산정山亭이었다. 바위에 '정석丁石' 두 글자를 새겨, 나의 석벽임을 표시해 놓았다.

1810년 가을, 나의 아들 학연이 징을 울려 나라에 원통함을 호소했다. 이에 형조판서 김계락이 임금의 재결을 요청해 귀양보다 한 등급이 가벼운 형벌인 방축향리放逐鄕里를 명했다. 그런데 홍명주가 상소를 해 그것이 불가함을 논하고, 또한 이기경이 새 임금께 올린 보고가 있

水源池

丁石

西菴

東菴

尹氏卯宅

丁茶山先生舊蹟

이에이리 가즈오家入一雄가 그린 다산초당. 1939년

어 끝내 석방되지 못 했다.

1814년(순조 14) 여름이었다. 사헌부의 관리 조장한이 임금에게 보고하는 죄인의 문건인 전계에서 죄인의 이름을 삭제했다. 이에 의금부에서 아래 부서로 문서를 보내려다가 강준흠이 상소해 이에 대해 지독하게 말하므로, 판의금부사 이집두가 두려워하여 감히 문서를 보내지 못 했다.

1818년 여름이었다. 응교 이태순이 상소해 다음과 같이 아뢰었다.

   죄인에 관해 임금께 보고 드리는 일이 정지되었는데도 의금부의 문서를 보내지 않는 것은 건국 이후에 없던 일이니, 일반적으로 행해지는 나쁜 풍속이 끝이 없게 될 것입니다.

이에 상신 남공철이 의금부의 여러 관리를 나무라자 판의금부사 김희순이 문서를 내보냈다. 그렇게 나는 고향으로 돌아오게 되었다. 가경嘉慶(청 인종의 호) 23년 9월 보름날, 1818년 가을이었다. 바야흐로 내가 살아서 돌아오니, 목태석의 상소가 매우 혹독했다. 그래서 내가 사람을 시켜 이렇게 말했다.

   네 할아버지 목만중이 당시에 나를 논할 때에도, '그만한 자리와 그만한 문필로 어떤 관직인들 하지 못 하랴만, 들어와서는 임금께 딱 잘라 말하고 나가서는 예전대로 따라다니며, 스스로 천주교에서 빠져나올 방도를 생각하지 않는다'라고 하는 정도에 불과했다. 그런데 네가 지금 어찌 이렇게까지 독설을 퍼붓는단 말인가.

어떤 이는 이렇게도 말했다.

"이것은 그 집안의 계략이다."

얼마 뒤에 영남 사람 신석림이 상소를 올려 목태석을 공격했다. 이태순을 위해 변론한 것이다.

유배지에서 이 땅의 근간을 궁리하다

●

나는 이 땅의 끝에 이르러서 《주례周禮》를 연구했다. 그리고 제법 결실을 맺어 이전과 다른 이론을 많이 제시했다. 《주례》는 중국 고대 주周의 관제를 기록한 법전이다. 주공 단이 성왕이 다스리던 시기에 지었다고 전해지며 '주관'이라고도 한다. 《의례》, 《예기》와 함께 삼례로도 불린다. 한漢나라 당시 정현鄭玄(127~200)은 삼례를 주석하면서 특히 《주례》를 중시했고, 후대의 학자들이 정현의 학문을 숭상하면서 《주례》가 삼례 가운데 가장 중요한 저작으로 인식된 것이다. 《주례》는 천天, 지地, 춘春, 하夏, 추秋, 동冬을 상징해 관제를 만들었다. 하여 천관, 지관, 춘관, 하관, 추관, 동관의 관직이 있다. 그리고 여섯 관 아래에 형식상 60인의 부속 관직을 둬 상징적으로 360개의 관직을 둔 것으로 되어 있다. 그러나 실제 전해지는 《주례》의 관직과는 차이가 있다.

《주례》의 명칭과 작자, 세상에 드러나게 된 경위, 저술 체제의 상이점 등에 관해서는 예전부터 논란이 많았다. 당唐시대에 이르러 가공언賈公彦이 《주례의소周禮注疏》를 지으면서 정현의 주석을 대본으로 한 이후, 정현의 학설이 독보적인 지위를 차지했다. 《주례》의 체제와 내용을 간략하게 살펴보면 다음과 같다.

첫째, 6관六官이다. 6관은 〈천관〉·〈지관〉·〈춘관〉·〈하관〉·〈추관〉·〈동관〉의 6편으로 이루어져 있다. 그러나 현재 전하는 것에는 〈동관〉이 없다. 대신에 그 자리에 〈고공기〉가 들어 있다.

둘째, 총서總序이다. 총서는 글의 내용 전체를 안내하는 머리말에 해당한다. 6관의 매 편마다 맨 앞쪽에 배치해 행정 목표를 설정하고 있다. 그 내용은 다음과 같다. "임금은 도성을 건립하고 나라가 나아갈 방향을 설정하며 왕궁과 그 부속 건물이 있을 곳을 정한다. 또한 도성의 중심부와 주변부, 도성의 근교와 교외, 국경 지역 등 구획을 정확하게 나눠 그에 맞게 관직을 설치하고 세상 사람을 다스린다. 그리하여 사람들을 선량하고 고상한 사람이 될 수 있도록 한다."

세 번째, 총직總職이다. 총직은 총서 아래에 기록했는데, 6관이 관장하는 총괄적인 임무의 내용을 적었다. 천관은 다스리는 임무인 치관治棺를 맡은 관직으로 오늘날로 말하면 정치를 관장하는 자리이다. 그 부분의 장인 총재는 6관의 하나이면서 전체 관료를 총괄하는 역할을 한다. 지관은 가르치는 임무인 교관教官으로 교육과 재정을 담당하면서 지방 행정도 맡았다. 춘관은 예의를 맡은 예관禮官으로 나라의 의례와 제사를 맡았다. 하관은 정사를 맡은 정관政官으로 병마와 군대를 통솔했다. 추관은 형벌을 담당하는 형관刑官으로 나라의 업무를 담당했다. 동관은 여러 가지 일을 맡았던 사관事官으로 토목, 건축 및 공예를 담당한 것으로 보인다. 동관 대신에 기록되어 있는 〈고공기〉도 이런 내용에 준한다. 6관의 각각에 딸린 부속 관직은 천관에 62개, 지관에 76개, 춘관에 69개, 하관에 66개, 추관에 66개, 고공기에 30개가 있다.

네 번째, 관직의 등급이다. 《주례》에서 관직의 등급은 명관命官, 집사執事, 역예役隷 이렇게 세 가지 형태로 나뉜다. 명관은 임금의 명령에 의해 임명된다. 경卿 1인, 중대부中大夫 2인, 하대부 4인, 상사上士 8인, 중사 16인, 하사 32인이 있고, 아래로 내려올수록 그 수는 배가 된다. 집사는 서민 가운데 징발되어 관청에 복무한다. 여기에는 자료 처리를 담당하는 부府, 문서 작성을 담당하는 사史, 조달을 담당하는 가賈, 십장什長·반장班長·영장領長으로서의 서胥, 잡역雜役·차역差役으로서의 도徒가 있다. 역예는 노예나 노비의 신분으로 노역을 담당한다. 그것은 엄奄·여女·해奚 등의 등급으로 나뉜다.

다섯 번째, 직장職掌이다. 직장은 6관 아래에 부속된 관직에서 전문적으로 관장하는 업무를 적어놓았다. 《주례》에는 나라의 체제, 정치, 경제, 시장에서의 교역, 서민들의 혼인 등에 이르기까지 자세하게 기록되어 있다. 따라서 《주례》는 주라는 특정 국가의 법전이라기보다 고대 중국에서 어떤 나라건 나라를 건설한 이후에 행해야 할 일종의 이념을 담은 법전으로 저술되었다고 보는 것이 타당하다. 때문에《주례》는 모든 나라에 적용할 수 있는 초월적 권위를 가지고 있었고, 후대 중국의 각 나라와 우리 조선의 제도에 큰 영향을 미쳤다.

육향의 제도

특히 육향六鄕의 제도를 논의할 때 이렇게 생각하며 나름대로의 이론을 제시했다.

　육향은 왕의 도성 안에 있다. 기술자들이 나라의 도성을 구축하며 경영할 때 아홉 구역으로 나눴다. 왕의 궁은 중앙에 자리 잡고, 그 앞에는 정부의 관청이 있으며, 그 뒤에는 시장이나 가게가 있고, 그 왼쪽과 오른쪽에는 육향이 둘씩 서로 마주보고 있다. 육향에서 '향鄕'은 서로 향하며 권한다는 의미이다. 하관의 관리인 양인이 도성과 도성 외곽의 교외를 구획할 때 모두 9개의 주州로 만들었다. 기자箕子가 평양성을 만들 때, 도성 가운데 우물 정井자 모양을 그어 이를 바탕으로 삼도록 한 것이 모두 이 법에 의한 것이다.

　정현은 이 육향을 모두 교외에 있다고 했다. 그렇다면 "향삼물鄕三物로 모든 사람을 가르쳤다"라는 말은 실제로 시행될 수가 없다.

사람을 가르치는 세 가지, 향삼물

향삼물은《주례》에 나오는 말이다.《주례》에는 교육을 담당하는 관리인 대사도가 1만 2,500가구가 사는 큰 도시인 향에서 세 가지 일로 사람들을 가르쳤다고 나와 있다. 사람들을 가르친 후, 그 결과 현명하고 능력 있는 사람을 선택해 나라의 인재로 추천했다. 향삼물은 바로 향에서 가르치던 교육 과정이자 내용인 세 가지를 말한다. 그 세 가지란 육덕六德과 육행六行과 육예六藝이다.

육덕은 사람의 마음에서 우러나오는 여섯 가지 덕목이다. 즉 옳고 그름을 판별하는 능력인 지知, 사람들과의 관계에서 사사로운 욕심이 없이 지내는 인仁, 세상 만물의 도리에 훤하게 밝은 성聖, 올바름으로 끊고 맺을 줄 아는 의義, 자기 최선을 다하는 충忠, 어떤 일에서건 어그러지는 것이 없는 화和이다.

육행은 사람이 몸소 실천해야 하는 여섯 가지 행실을 말한다. 바로 부모를 잘 섬기는 효孝, 형제자매와 사이좋게 잘 지내는 우友, 친가의 친척들과 혈육의 정을 나누는 목睦, 외가의 친척들과 정을 나누는 인婣, 친구들 사이에 신뢰가 있는 임任, 가난한 사람을 배려하며 구휼하는 휼恤이다.

육예는 섬기는 사람이나 모시고 있는 사람에게 보이기 위해, 혹은 사람들의 온전한 삶을 위해 행하는 주요한 일들이다. 사람들이 일상에 필요한 기초적인 일들을 잘 익히고, 삶을 살아가기 위한 터전을 닦는 작업이다. 그러므로 형이상학적 사고나 관념적 유희가 아니라 실제적이고 형이하학적인 행위 공부를 중심으로 한다. 그것은 예악사서서수禮樂射御書數로 대변된다.

현실에 적용되는 여섯 가지 공부

예禮는 크게 다섯 가지로 나뉜다. 나라에서 지내는 여러 가지 제사와 관련되는 길례吉禮, 나라의 우환을 걱정하는 흉례凶禮, 다른 나라와 외교를 잘하는 빈례賓禮, 나라를 지키는 일과 관련된 군례軍禮, 사회 구성원 사이의 화목을 도모하는 가례嘉禮이다.

악樂에는 여섯 가지가 있다. 바로 황제의 음악인 운문雲門, 요임금의 음악인 함지咸池, 순임금의 음악인 대소大韶, 우임금의 음악인 대하大夏, 탕임금의 음악인 대호大濩, 무왕의 음악인 대무大武이다.

사射에는 다섯 가지가 있다. 화살이 과녁을 뚫어 살촉의 흰 것을 보는 백시白矢, 먼저 한 화살을 발사하고 뒤에 세 화살을 연속해서 쏘는 삼연參然, 깃머리는 높고 살촉은 낮게 나가 번쩍번쩍하는 염주剡注, 신하가 임금과 활을 쏠 적에 감히 나란히 서지 못하고 임금에게 한 자쯤 물러나는 양척讓尺, 네 화살이 과녁을 뚫어 마치 우물 모양과 같다는 정의井儀이다.

어御에도 다섯 가지가 있다. 말이 움직이면서 멍에에 달려 있는 방울인 란鸞이 울리고 수레 앞에 가로대는 나무에 달려 있는 방울인 화和가 응하는 화란和鸞의 어울림, 물이 흐르는 형세를 따라 떨어지지 않도록 수레를 잘 모는 축수곡逐水曲, 수레가 조금만 기울어도 수레의 축이 문의 말뚝에 부딪히므로 이를 잘 제어하는 과군표過君表, 교차로에서 수레를 몰 때 회전하는 모습이 춤추는 가락에 응하는 것과 같은 무교구舞交衢, 짐승을 구슬려 몰아 왼쪽으로 가게 해 임금이 잡을 수 있도록 하는 축금좌逐禽左이다.

서書에는 이른바 '육서六書'가 있다. 첫째, 해[日]나 달[月]과 같이 형체를 모방하는 상형象形, 사람[人]과 말씀[言]이 합쳐져 믿음[信]이 되고, 그 침[止]과 창[戈]이 합쳐져 굳셈[武]이 되는 것과 같은 회의會意, 고考나 노老와 같이 글자의 뜻을 서로 받아 좌우로 전환해 붙이는 전주轉注, 사람[人]이 하나[一] 위에 있으면 상上이 되고, 사람이 하나 아래에 있으면 하下가 되어 처함이 그 마땅함을 얻는 처사處事(또는 지사指事), '명령'이나 '우두머리'의 뜻이 있는 령令처럼 한 글자를 두 가지 의미로 쓰는 가차假借, 강江이나 하河와 같이 물[氵]을 형체로 삼고 공工이나 가可를 소리로 하는 해성諧聲(형성形聲)이 있다.

수數에는 아홉 가지가 있다. 밭두둑의 경계를 잴 때 쓰는 방전方田, 교역을 할 때나 변역에 쓰는 율포栗布, 귀하고 천한 계급에 따른 봉급과 세금을 계산할 때 쓰는 쇠분衰分, 쌓아 덮는 것과 네모난 것이나 둥근 것을 헤아릴 때 쓰는 소광少廣, 공정과 적실을 할 때 쓰는 상공商功, 원근의 수고비를 계산할 때 쓰는 균수均輸, 나타나 보이지 않는 수로 서로 나타낼 경우에 쓰는 영뉵盈朒, 어긋난 것이나 휜 것, 바르거나 구부러진 것을 잴 때 쓰는 방정方程, 높고 깊은 것, 넓고 먼 것을 잴 때 쓰는 구고句股이다.

그런데 승지 신작申綽(1760~1828)이 이러한 정현의 해석을 고수하려고 했다. 나는 정현의 주석에 의지하는 일이 우리 시대에 맞지 않는 방법으로 생각했고, 서너 차례 왕복하고 논란하며 그것이 옳지 않음을 밝혔다.

직각 김매순金邁淳(1776~1840)이 내가 지은 《상서평尙書平》을 보고 다음과 같이 평했다.

숨겨져 있어 잘 드러나지 않은 것을 밝혀서 알고, 그윽하고 어두운 것을 꿰뚫어 그 밝혀낸 것이 머릿속을 스멀스멀 기어다니는 이를 보는 것과 같다. 어지러운 것을 다스리고 굳은 것을 쪼개는 것은 도살 기술자가 소를 잡는 것과 같다. 남을 해치려는 악독한 수단으로 간사하고 거짓이 많은 자를 처형함은 상의 임금이 위수에 임한 것과 같다. 진심에서 우러나오는 정성으로 정도를 지킨 것은 변화가 형산에서 운 것과 같다. 한편으로는 어지러움을 정리한, 구멍 난 울타리에서 나라를 위해 큰 공을 세운 것이 되고, 다른 한편으로는 업신여김을 막는 지체 있는 가문의 곧은 관리가 되었다. 유학의 대업을 크게 떨치지 못 한 지 오래되었는데, 뜻하지 않게도 천 년 이후에 우리 조선에 이처럼 뛰어난 학문이 있었단 말인가?

유배 이후, 회상의 길목에서

●

1801년(순조 1) 봄, 옥중에 있을 때였다. 하루는 시름에 젖어 있는데 꿈에 어떤 늙은 스승이 이렇게 꾸짖었다.

"소무蘇武는 19년 동안 참았는데, 지금 그대는 19일의 고통도 참지

132 • 정약용의 고해

翩翩飛鳥 息我庭梅
有烈其芳 惠然其來
爰止爰棲 樂爾家室
華之旣榮 有蕡其實

嘉慶十八年癸酉七月十四日洌水翁書于茶山東菴
余謫居康津之越數年洪夫人寄敝裙六幅歲久紅渝剪之爲四帖以遺二子用其餘爲小障以遺女兒

매조도梅鳥圖. 강진에서 귀양살이 할 당시 《시경》의
한 구절을 빌려 딸에게 그려줬다. 1813년. 고려대학
교 박물관 소장

못하는가?"

소무는 한 무제때 중랑장으로 흉노에 갔다가 억류당해 눈과 깃발의 가죽을 먹으며 연명하고, 양을 치는 등 온갖 고초를 겪으면서도 항복하지 않고 지조를 지킨 인물이다. 한 소제 시절에 이르러 흉노와의 화친으로 19년 만에 풀려 돌아왔다. 그래서 그의 곧은 절개를 소무절蘇武節이라고도 한다.

옥에서 나오게 되어, 감옥에 있었던 날을 계산해보았다. 감옥에 있은 지 19일이었다. 또 고향으로 돌아오게 되어, 감옥살이와 귀양살이한 날을 계산해 보았다. 1800년(정조 24)에 타지에 있게 된 뒤부터 또 19년이었다. 그러니 인생에서 막힘과 트임이 정해진 삶이 없다고만 할 수 있겠는가?

고향으로 돌아오자, 나의 죄를 적극적으로 물었던 서용보가 관직에서 물러나 서쪽의 이웃마을에 살고 있었다. 그러면서 사람을 보내 위로하고 친절하게 자기의 뜻을 표했다.

1819년(순조 19) 봄, 서용보는 다시 재상으로 상부에 들어갔다. 상부를 가고 오면서 모두 위문하고 은근한 뜻을 전했다. 그러나 겨울에 조정에서 나를 등용하려고 논의해 그렇게 결정이 났는데, 그가 적극적으로 반대했다.

이해 봄, 나는 배를 타고 습수濕水를 거슬러 충주의 선산에 성묘를 했다. 가을에는 용문산龍門山에 노닐었다.

1820년(순조 20) 봄이었다. 배를 타고 산수를 거슬러 올라가 춘천 청

평산에 노닐고, 가을에 용문산에 노닐어 산과 호수 사이를 소요하며
세월을 보냈다.

나는 전라도 강진으로 유배되어, 그리 살면서 이렇게 생각했다. '어
릴 적에는 학문에 뜻을 두었으나, 20년 동안 세속의 길에 빠져 다시
선왕의 훌륭한 정치가 있는 줄을 알지 못 했는데, 이제야 여가를 얻게
되었다.'

그리고는 드디어 흔연히 스스로 기꺼워했다.

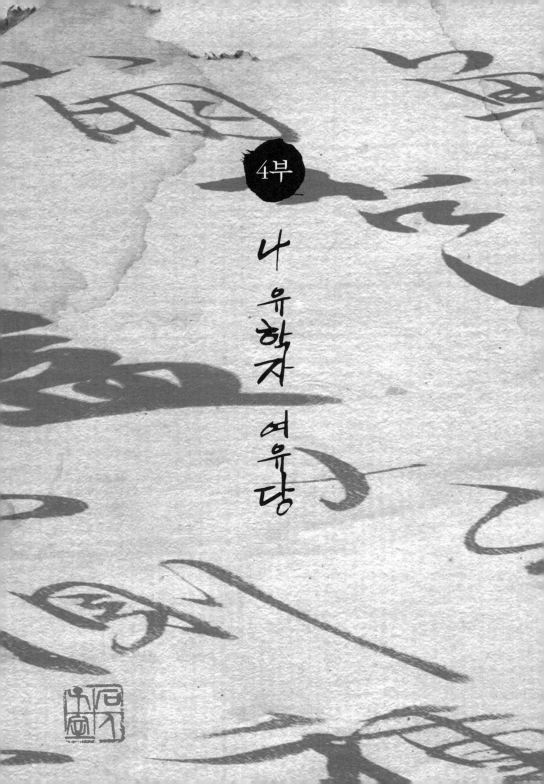

4부

나 유학자 여유당

問之曰今年筍
東蕃否曰蓍紅
桃益無橋否曰蕃
鮮井薪諸在无
蔄晉白不葡也申

《다산사경첩》 가운데. 1823년. 보물 제1683호

與猶堂

내 사유의 흔적

이제부터는 내가 평생에 걸쳐 익히고 몸에 새기고자
한 것을 밝히려고 한다. 나는 유학을 익히는 사람이
다. 육경과 사서를 가져와 깊이 잠기어 탐구해왔다. 육
경은 유학의 핵심이자 기본인 《시경》, 《서경》, 《예기》,
《악기》, 《역경》, 《춘추》를 가리킨다. 사서는 《대학》,
《논어》, 《맹자》, 《중용》이다.

　나는 중국 한과 위시대 이래로 명과 청에 이르기까
지 모든 유가의 학설을 뒤적였다. 경전을 보충하는 데
보탬이 될 만한 글은 널리 수집하고 두루 고증해 오류
를 정하고 취사선택해 나름대로 일가의 글을 갖췄다.

이에 임금께 대답하며 정돈한 《모시강의毛詩講義》 12권을 머리로 삼고, 따로 《강의보講義補》 3권을 짓고, 또 《매씨상서평梅氏尙書平》 9권, 《상서고훈尙書古訓》 6권, 《상서지원록尙書知遠錄》 7권, 《상례사전喪禮四箋》 50권, 《상례외편喪禮外編》 12권, 《사례가식四禮家式》 9권, 《악서고존樂書孤存》 12권, 《주역심전周易心箋》 24권, 《역학서언易學緖言》 12권, 《춘추고징春秋考徵》 12권, 《논어고금주論語古今注》 40권, 《맹자요의孟子要義》 9권, 《중용자잠中庸自箴》 3권, 《중용강의보中庸講義補》 6권, 《대학공의大學公議》 3권, 《희정당대학강록熙政堂大學講錄》 1권, 《소학보전小學補箋》 1권, 《심경밀험心經密驗》 1권을 지었다. 경집經集으로 모두 232권이다.

나는 시경을 이렇게 읽었다

●

먼저 《시경》에서부터 이야기를 시작하고자 한다. '시詩'는 《시경》이다. 《시경》은 중국에서 가장 오래된 시가詩歌들을 모아 놓은 경전이다. 지금으로부터 2,500년 이전의 시가들이 실려 있는데, 옛날에는 그저 '시'라고 불렀다. 사마천司馬遷은 《사기》〈공자세가〉에서 다음과 같이 기록하고 있다.

옛날부터 전해오는 시가 3,000여 편이 있었는데, 공자가 그중에서 인간 삶의 예의에 합당한 시 305편을 골라 《시경》을 편찬하였다.

이러한 사마천의 견해는 후대 여러 학자들로부터 의심을 받아왔다. 그러나 《논어》에서 공자 당신께서 "내가 위에서 노로 돌아온 뒤에야 음악을 바로 잡아 아雅·송頌이 각각 제자리를 찾았다"고 말하고 있고, 송에는 최고지도자인 천자天子의 악가樂歌인 주송周頌과 함께 노송魯頌·상송商頌이 들어 있는 것으로 봐, 공자가 시를 정리한 것은 분명한 것 같다.

시경의 핵심과 작법, 육의

《시경》은 크게 〈풍風〉·〈아雅〉·〈송頌〉 세 부분으로 나뉜다. 이는 음악적인 분류로 알려져 있다.

〈풍〉은 〈국풍國風〉이라고도 한다. 〈국풍〉에는 모두 15개가 있다. 15개 제후국諸侯國의 민간에서 불리던 민요를 채집했기 때문이다. 어떤 측면에서 보면 각 지방의 속악俗樂에 해당한다. 〈풍〉은 모두 160편인데 그 내용은 다양하다. 남녀 간의 사랑을 읊은 연가, 전란의 고통을 읊은 애가, 사회에 대한 불만을 드러낸 저항의 노래, 전장에 나간 남편을 그리는 아내의 걱정, 두고 온 가정을 걱정하는 남편의 노래, 이별의 괴로움을 노래한 이별가 등 여러 상황을 서정적으로 그리고 있다. 전해지는 수만큼이나 국풍은 《시경》에서 중요한 자리를 차지한다. 각국, 각 지방의 민요를 채집했기에 당시 민중의 현실과 정감이 고스란히 담겨 있다.

〈아〉는 당시 궁정에서 악곡樂曲에 맞춰 지은 시가로 연회나 전례 때

주로 사용되었다. 따라서 서정적인 국풍과 느낌이 상당히 다르고, 속
악과 구분해 정악正樂으로 삼았다. 〈아〉는 크게 〈소아小雅〉와 〈대아大雅〉
로 나눈다. 〈소아〉에는 74편, 〈대아〉는 31편 등 모두 105편이 실려 있
다. 〈소아〉는 대체로 조정에서 잔치를 할 때 부르던 노래이다. 그 내
용은 연회, 폭정, 전쟁, 연정 등 다양하다. 〈대아〉는 조정에서 의식을
치를 때 부르던 노래이다. 절반 이상이 역사적 소재를 다루거나 선왕
의 치적이나 업적을 칭송하는 서사시이다.

〈송〉은 주송, 노송, 상송으로 나뉘는데, 사람과 사물을 칭송하는 시
이다. 특히 조상들의 제사 또는 조상의 덕을 기리는 의식에 무용을 곁
들인 의례악儀禮樂으로 알려져 있는데, 39편이 전한다.

이 중에서 〈아〉과 〈송〉은 모두 조정 사대부의 손에서 나온 것이므로
모을 필요는 없었다. 다만 〈풍〉은 양도 많을 뿐 아니라 내용도 광범위
해 반드시 전문가를 파견해 시를 채집해야 했다. 고대 중국의 제왕들
은 조정에 시를 채집하는 관리인 채시관採詩官을 두고, 매년 봄과 가을
두 차례에 걸쳐 이들을 각 지방으로 보내 민간가요를 수집했다고 한
다. 각국의 민심 동향과 정치의 득실을 살펴 정치에 참고할 필요가 있
었기 때문이다. 이렇게 수집된 시들은 악관樂官에 의해 음률에 맞게
정리되고 편집되었을 것이다. 그리고 훗날 공자가 다시 정리해 《시
경》으로 전해졌을 것이다.

《시경》은 시 짓는 방법, 즉 시작법詩作法에 따라 세 가지로 나눈다.
부賦, 비比, 흥興이 그것이다. 이 세 가지는 단독 혹은 혼합해 사용되었

御評　健陵手批

泛引百家其

出無窮苟非

素蘊之淹博

安能如是不

負予顧問之

意深用嘉尚

辛亥仲冬

《시경강의》가운데. 1791년《시경》에 대한 정조의 질문에 답한 내용으로 정약용이 가장 아끼는 저작이다. 정조의 "질문한 뜻을 저버리지 않았으니 깊이 가상하다"는 어평이 실려 있다.

다. 부는 직접적인 묘사다. 시를 지을 때 어떤 일을 직접적으로 서술하며 비유는 하지 않는다. 비는 상징적인 기교를 중시한다. 그러므로 비유 혹은 상징을 많이 사용한다. 흥은 어떤 사물을 의탁해 흥을 일으킨다. 다시 말하면 먼저 다른 사물의 상황을 말하고 읊으려는 내용을 이끌어낸다.

이러한 《시경》의 내용과 여섯 작법을 '시의 육의六義'라고 한다. '풍, 아, 송, 부, 비, 흥' 가운데 '풍, 아, 송'은 내용을 말하고, '부, 비, 흥'은 작법을 일컫는다.

올바름의 갈구, 시

《시경》을 검토해보면 첨예하고 복잡한 사회 모순을 담고 있다. 그만큼 심도 있고 풍부한 사유와 지역성, 민족성을 반영하고 있다. 내용 또한 남녀 간의 연애와 혼인, 통치계급에 대한 반항과 풍자, 민중들의 노동과 삶을 반영한 시들이 주종을 이룬다. 이는 《시경》이 당시 복잡한 사회상과 민중의 감정을 있는 그대로 묘사한 현실성을 방증한다.

공자는 〈시〉, 〈서〉, 〈역〉, 〈예〉, 〈악〉, 〈춘추〉의 육경을 제자들을 가르치는 기본 교재로 삼았다. 이중에서도 특히 〈시〉를 중시했다. 시를 통해 인간의 참되고 순수한 감정을 이해하고 자신의 성정性情을 순화시킬 수 있다고 믿었기 때문이다. 《논어》〈위정〉에서 말한 '사무사思無邪'가 이를 대변한다. "시 삼백 편은 한 마디로 말해, 생각에 사악함이 없다!" 뿐만 아니라 《논어》〈양화〉에서는 "사람이면서 《시경》의 〈주남〉·〈소남〉의 시를 배우지 않았다면 그것은 담벽을 마주하고 있는 것과 같다"라고 했다. 이처럼 공자는 《시경》을 유학에서 학문의 핵심 경전으로 삼았다.

《시경》에 관한 일반적인 견해에는 동의한다. 그러나 나는 《시경》을 또 다른 시선으로 읽고 싶었다. 시는 옳지 못하거나 잘못된 일을 고치도록 간절히 구가하는 노래집이다. 그러기에 그것은 간쟁에 관한 글을 모은 간림諫林에 해당한다.

지도자에게 보내는 간절한 호소, 오성과 육률

유학에서 최고의 정치지도자이자 도덕적 인격자에 해당하는 순임금, 그는 궁宮·상商·각角·치徵·우羽의 다섯 가지 소리와 황종黃鐘·태주太簇·고선姑洗·유빈蕤賓·이칙夷則·무역無射의 여섯 가락, 즉 오성伍聲과 육률六律로 오언伍言을 받아들였다.

이 오언은 풍·아·송·비·부·흥이라는 시의 여섯 가지 부류 가운데 다섯 가지를 말한다. 바로 풍·아·비·부·흥이다. 여기에 송은 포함되지 않는다. 송은 종묘에서 부르는 덕을 칭송하는 노래이다. 그런데 《시경》에는 주송·노송·상송이 있다. 《시경》은 풍·아·송·비·부·흥의 여섯 가지 뜻인 육의로 되어 있다. 시의 성질에 따라 풍·아·송으로 나누고, 표현법에 따라 비·부·흥으로 나눈다. 이를 악관이 아침저녁으로 읽고 읊었다.

노래〔歌〕란 거문고와 비파의 연주에 맞춰 읊조리며, 임금에게 그 착한 것을 듣고 느껴서 펼치고, 그 나쁜 것을 듣고 징계하도록 하는 작업이다. 그러므로 《시》에서 칭찬하고 나무라며 시비선악을 판별하는 작업이 《춘추》보다 엄격해 임금이 두려워했다. 때문에 《시》가 없어져 《춘추》가 지어졌다고 하는 것이다. 그것은 《맹자》〈이루〉 하에서 "성왕의 태평한 정치의 흔적이 사라지고 난 뒤에 시가 없어졌고, 시가 없어지고 난 뒤에 《춘추》가 지어졌다"라고 언급하는 데서도 확인된다. 풍이나 비·부·흥은 경계하면서도 비판한 풍자이고, 소아·대아는 바른 말로 간절히 호소한 작품들이다.

나는 서경을 이렇게 읽었다

●

《서》는 《서경》이다. 《서경》은 요임금으로부터 주나라에 이르기까지 여러 제왕들이 정치적으로 한 발언과 행위를 기록한 경전이다. 중국 고대의 여러 나라에서 전해 내려오던 역사를 공자가 정리해 편찬했다고 한다. 흔히 《상서尚書》라고도 부르는데, 진秦 이전에는 모두 《서書》라고만 불렀다. 《서경》이나 《상서》는 후에 생긴 말이다.

《상서》는 한 문제(기원전 179~기원전 157) 당시 복생伏生이 《서경》을 구술한 다음, '옛 책[古書]'이라는 뜻을 살려 《상서》라고 했다. 그 뒤 사마천의 《사기》와 동중서의 《춘추번로》 등에서 《상서》란 말을 쓰기 시작해 오늘에 이르렀다. 《상서》는 '옛 책' 외에 '존숭할 책'이라는 의미도 있다. 그러므로 《서경》은 '가장 오래된 동시에 가장 높이 존숭할 책'이란 의미를 지닌다.

중국에는 예부터 사관史官이 있어 제왕의 말과 행동을 기록했다. 그러므로 수많은 사관들의 기록이 전해지고 있다. 그런 기록이 3,000여 편이나 보존되어 있었는데, 공자가 그 가운데 가치 있는 100여 편의 글을 뽑아 《서경》을 편찬했다고 전한다.

공영달의 《상서정의》에는 이렇게 나온다.

공자는 《서》에 대해, 황제의 현손인 제괴의 《서》로부터 진秦 목공에 이르기까지 모두 3,240편을 구했다. 그 가운데 너무 오래되어 불확실한 기록은 버리고, 세상의 법도가 될 만한 가까운 시대의 역사 120편을 고르고, 그 가운데서도 필수적인 102편을 모아 《상서》를 만들고 18편으로 중후中侯를 지었다. 나머지 3,120편은 버렸다.

하지만 지금 우리가 보고 있는 《서경》을 순전히 공자가 편찬한 것이라고 보기는 어렵다.

《서경》에는 《금문상서今文尙書》, 《고문상서古文尙書》, 《위고문상서僞古文尙書》가 있다.

《금문상서》는 29편으로 복생이 전한 것이라 한다. 지금까지 모두 전해져 내려오고 있으며, 《서경》의 여러 편 가운데 진秦 시대 이전에 나왔다고 생각된다. 그러므로 다른 것에 비해 상대적으로 믿을 만하다.

《고문상서》는 공자가 살던 옛집의 벽 속에서 나왔다. 공자의 후손인 공안국孔安國이 금문으로 읽었다고 한다. 이를 《금문상서》와 견주어본 결과 29편 이외에 16편이 더 있었다. 《고문상서》는 내용의 풍부함에도 불구하고 학자들에게 인정받지 못 했다.

《위고문상서》는 동진 때 나왔는데, 모두 58편이다. 복생의 29편을 33편으로 나누고, 그밖에 25편을 만들어 보탠 것이다. 새롭게 만든 25편은 의심이 많이 가는 위작이다. 그러므로 믿을 만한 것이 못 된다고 한다.

위작을 밝히다

《서경》은 중국의 문학과 역사, 철학에서 매우 귀중한 자료이다. 후세에 나온 《사기》나 《한서》와 같은 정사들처럼 본격적인 역사책은 아니지만, 중국 고대의 역사는 거의 《서경》으로부터 비롯되었다. 또한 《서경》은 중국문학사에서 산문散文의 할아버지이다. 산문으로 쓰인 가장 오래된 책이기 때문이다. 중국의 시가가 《시詩》에 바탕하고 있다면, 중국의 산문은 《서경》에 기초한다. 무엇보다 《서경》에는 중국 사상의 근원이 담겨 있다. 유가의 덕치德治, 도가의 무위이치無爲而治, 묵가의 숭검비명崇儉非命, 법가의 법치法治 등의 사상이 배태되어 있다. 바로 《서경》을 근거로 춘추전국시대의 다양한 사상가들이 나왔다.

그러나 나는 《서경》을 조금 다르게 보고자 했다. 이를테면 매색枚賾의 《상서》 25편은 위작이다. 매색은 중국 진晉시대 사람으로 《고문상서》에 〈위공전僞孔傳〉을 올렸다. 그러자 이후에 혜동의 《고문상서고古文尚書考》와 염약거의 《고문상서소증古文尚書疏證》에서도 매색의 저술이 위작임을 밝혔다. 나는 그들과 의견이 같다. 그 책은 위작이다.

《사기》·《전한서》·《후한서》 및 《진서》·《수서》·〈유림전〉·〈경적지〉 등도 위작일 가능성이 매우 높다. 따라서 이런 부류의 역사서도 학문적으로 배척하지 않을 수 없다.

예를 들어 《서경》〈순전〉에서는 "선기옥형璇璣玉衡으로 살피시어 이로써 칠정을 가지런히 하시다"라고 했다. 이때 '선기옥형'은 '고운 주옥으로 꾸민 천문 측량기'이지, '하늘을 형상한 의기儀器'가 아니다.

우공禹貢의 3지적厎績 또한 마찬가지다. 지적은 '공적을 이룬다'는 의미이다. 《서경》 우공에 공적을 이룬 부분이 세 번 보인다. 기주冀州 조에서 "담회에 공을 이루시어 형장에 이르시다"라고 했고, 양주梁州 조에서 "화이和夷에 공을 이루시다"라고 했으며, 옹주雍州 조에서 "평원과 습지에 공을 이루시다"라고 했다. 이는 9년에 세 번 되살펴보며 공적을 이룬 사실을 기록한 것이다. 즉, 평균 3년에 한 번 정도 공을 세운 것이다.

삶에 대한 기준, 홍범

홍범洪範에서 구주九疇도 정전井田의 형태라고 판단된다. 정전의 형태이므로 2와 8이 서로 응하고 4와 6이 서로 이어받는다. 홍범은 《서경》〈주서〉의 편명이다. 구주는 홍범이 아홉 개 조항으로 이루어졌기 때문에 붙여진 이름이다. 나는 주疇를 정전井田의 구역으로 본다. 구주는 오행伍行, 오사伍事, 팔정八政, 오기伍紀, 황극皇極, 삼덕三德, 계의稽疑, 서징庶徵, 오복伍福이다. '2와 8이 서로 응하고 4와 6이 서로 이어 받는다'라는 말은 구주의 두 번째인 오사와 여덟 번째인 서징이 좌우로 조응하고, 네 번째인 오기와 여섯 번째인 삼덕이 상하로 이어받는다고 보는 것이다.

〈홍범洪範〉에서 홍洪은 '크다'는 뜻이고, 범範은 '법'이라는 의미이다. 따라서 홍범은 이 세상에서 '가장 큰 법', 혹은 '가장 큰 규범'이라는 의미로 이해할 수 있다. 법이란 물〔氵〕과 가다〔去〕로 이뤄진 글자다. '물'과 '가는 행위'가 합쳐져 '물이 흘러가는 것과 같은 자연스러움'을 표상하고 있다. 모든 삶의 행위가 자연스럽게 진행되기를 바라는 염원이 서린 말이다. 인간이란 스스로를 제대로 세우고 정사를 베풀 수 있도록 나름의 기준을 마련해야 한다. 그 기준의 의미를 확장할 때, 법은 '모범'이나 '본보기'라는 내용도 포함하게 된다. 모범이란 많은 사람들이 하나의 이상으로 삼고 지향하는 대상이다. 공부란 이를 달성하기 위한 노력이다.

중국의 고대 사회는 통치행위에서 정치와 종교가 분리되지 않았다. 집단의 지도자는 전일적 인간으로서 신神의 경지에 있는 무당과 같았다. 집단을 이끌고 나가는 힘은 신성 그 자체였고, 그것의 원리는 무리의 생명과 생존을 보장하는 방향에서 가닥을 잡아나갔다. 홍범에 녹아 있는 법, 본보기나 모범이라는 말은 곧 정치지도자나 제사장, 혹은 한 사회의 지도급 인사로서의 역할 수행이라는 막중한 책임이다. 홍범의 탄생이 그것을 잘 보여준다.

《한지》에서는 "우임금이 홍수를 다스림에 낙서洛書를 주거늘 본받아 베푸니, 홍범이 이것이다"라고 했고, 《사기》에서는 "무왕이 은나라를 이기고 기자를 찾아가서 천도로써 물으니, 기자가 홍범으로써 베풀었다"라고 했다.

낙서에서든 무왕과 기자의 사건에서든 홍범은 '다스림'과 인간 '삶'에 관한 것이다. 정치 지도자가 어떻게 사람을 다스려야 하는지에 대한 거시적인 기본 방향을 조목별로 밝힌 기록이다. 당신들의 헌법과 유사하다고 할 수 있다. 따라서 당시 사람들에게 가장 주요한 삶의 방법, 규칙, 태도와 가치가 홍범의 내용이다.

홍범의 아홉 가지 규범

〈홍범〉은 《금문상서》와 《고문상서》에 모두 들어 있는 내용이다. 따라서 금문·고문 가운데 한 곳에 실려 있는 편보다는 어느 정도 믿을 만하다. 홍범에는 앞에서 언급한 아홉 조목이 있다. 이에 '홍범구주'라고 한다. 아홉 가지 규범, 그 큰 법은 다음과 같다.

첫째, 오행이다. 사람이 살아가는 데 꼭 필요한 다섯 가지를 말한다.

둘째, 오사이다. 사람이 지켜야 할 다섯 가지 일이다.

셋째, 팔정이다. 나라를 다스리는 데 가장 힘을 기울여야 하는 여덟 가지 정사이다.

넷째, 오기이다. 사람이 시간이나 날짜를 깨닫고 기록하는 데 꼭 필요한 다섯 가지 기율이다.

다섯째, 황극이다. 곧 임금의 법칙이다.

여섯째, 삼덕이다. 인간관계에서 기본적인 세 가지 덕이다.

일곱째, 계의로 점쳐 묻는 일이다. 옛사람들이 일상에서 큰일의 가부를 결정하고 행동할 때 점을 치는 것과 관계된다.

여덟째, 서징이다. 여러 가지 징험을 말한다. 특히 자연 현상과 인간 행위와의 관계에서 드러나는 일들이다.

아홉째, 오복육극이다. 다섯 가지 행복과, 불행을 가져다주는 여섯 가지의 기본 요소이다.

이 아홉 가지 조목은 사람들이 살아가는 데 필요한 기본 원리이고, 개인과 국가, 자연 현상의 관계를 전반적으로 망라하고 있다. 따라서 홍범은 스스로의 덕을 닦는 것으로부터 세상을 태평하게 하는 방법에 이르기까지 조직적으로 서술한 것이다. 특히 중국 고대 국가의 경우, 제왕이 백성을 다스렸다는 점에서 홍범구주는 철저한 제왕학이다. 그런 이유에서 가운데 있는 다섯째, 임금의 법칙인 황극을 중심으로 나머지 조목들이 자리한다. 이때 왕의 정치는 모든 행위를 포괄한다.

제왕의 법칙, 황극

홍범구주는 고대 중국인들이 오랫동안 황화 유역에 살면서 기후에 맞춰 농경을 하고, 인지를 계발하고, 인덕을 수행하며, 인륜을 숭상하고, 사회·국가를 형성해 여러 가지 제도와 법전을 만들면서 다스려온, 인간의 체험과 역사 문화의 축적을 하나의 사상체계로 집약한 유언서이다. 오랜 세월을 거쳐 성립한 것으로 인간의 자기 성립에서부터 자연 파악, 정치부서의 설치, 개인 생활, 그리고 농경을 위한 필요 조치 등 전반적인 면을 망라하고 있다.

이것의 중심이 황극이다. 황극은 제왕의 법칙, 표준을 근거로 구성되어 있다. 인간과 자연, 사회·국가의 대강이 관계망을 구성하고 있는 것이다. 요약하면 다음과 같다.

오행은 자연이다. 물, 불, 나무, 쇠, 흙 등으로 인간 생존에 필수적인 기본 재료이자 바탕이다.

오사는 인간을 나타낸다. 외모, 말씨, 보는 것, 듣는 것, 생각 등 인간 자신이 갖추어야 할 정신이자 태도이므로 서로에게 공경해야 한다.

팔정은 사회와 국가 등 공동체 지속의 요소들이다. 즉 식량, 재물, 제사, 토목·건설, 교육, 치안·형벌, 외교, 국방 등이다. 이는 사회 국가를 영위하는 데 필요한 기본 요소이므로 힘써 행해야 한다.

오기는 운영 원리이다. 별자리[星辰], 날, 달, 해, 역수[曆數], 자연 순환의 원리에서 인간 사회의 운영 원리에 잘 맞춰 적용하라는 의도를 담고 있다.

황극은 표준이자 기준이다. 최고지도자인 제왕은 가장 적합한 정치의 기준과 표준을 점검하고 원칙을 세워야 한다.

삼덕은 인간 처세의 기초원리이다. 정직과 강함, 그리고 부드러움으로 다스려야 함을 강조한다.

계의는 인간 처세의 기본이다. 거북점과 시초점과 같은 복서 행위로 더욱 밝게 해나가는 작업이다.

서징은 인간 처세의 과정이다. 비, 햇빛, 더위, 추위, 바람 등 주변의 환경을 인간 생활에 어떻게 응용할 것인지 곰곰히 생각할 것을 권유한다.

오복육극은 인생의 추구이다. 장수, 부유하게 사는 것, 편안하게 사는 것, 미덕을 갖추는 일, 천수를 누리는 일은 다섯 가지 복이다. 요절, 병듦, 근심, 가난, 죄악, 나약함은 여섯 가지 삼가해야 하는 것이다. 이를 즐기고 두려워하며 조심하는 일이 삶의 변주이다.

나는 역경을 이렇게 읽었다

●

《역易》은 《역경》이다. 본디 점치는 책이었다. 그것이 훗날 철학사상, 혹은 의리의 책으로 이해되었다. 역은 중국 고대 전설상의 제왕인 복희太皥와 문왕, 주공이 만들었다고 한다. 복희는 천지의 모든 상을 관찰해 8괘를 만들었다. 그리고 이를 곱쳐서 64괘를 만들었다. 《역경》이 생긴 것은 은 말기, 주나라의 덕이 융성해질 때, 문왕과 주紂와의 일에 관계된다고 전해진다. 문왕은 주에 의해 유폐되었으나 그 어려운 가운데서도 괘사卦辭를 썼고, 문왕의 아들 주공이 이를 보충해 효사爻辭를 썼다고 한다. 그리고 공자도 만년에 역을 매우 좋아했으며 십익十翼

을 지었다고 전해온다.

《역》에는 연산역連山易, 귀장역歸藏易, 주역周易 세 가지가 있었다. 연산역은 복희나 신농神農에서 나와 하나라에서 쓰어졌고, 귀장역은 황제나 신농에서부터 시작해 은에서 쓰어졌으며, 주역은 열산씨나 황제에게서 나와 주나라 때 쓰었다고 한다. 이 가운데 우리에게 일반적으로 전해지고 있는 역은 《주역》이다.

《주역》은 주나라의 역으로 64괘로 구성되어 있다. 점서占筮도 이 64괘에 의해 행해진다. 64괘의 모양은 8괘를 기본으로 이루어진다. 8괘의 근원은 음陰(--)과 양陽(-)의 부호에 있다. 음과 양의 부호가 무엇을 의미하는지는 정확하지 않다. 훗날 당신들의 시대에서 곽말약郭沫若(1892~1978)은 남녀의 생식기를 상징한다고 보았다. 고형高亨은 점칠 때 사용한 대나무나 시초에서 유래한다고 보았다. 양(-)은 한 마디 대나무대의 상징이고 음(--)는 두 마디 대나무대의 상징이라고 한다. 훗날 일본의 학자들은 거북 껍질이 갈라진 모양이라고도 했다. 어떤 이는 양(-)은 고대의 상형문자인 해(日)의 변형이고, 음(--)은 달(月)의 변형으로 보기도 한다. 또한 수數와 관련지어 일一과 이二, 홀수인 기수奇數와 짝수인 우수偶數를 나타낸 것으로 이해하기도 한다. 기수는 양이고 우수는 음이다. 음양을 하나씩 써서 두 개의 쌍을 만들면 네 가지 변화(=, =, =, ==)가 나타난다. 여기에 하나를 더 보태 셋으로 조합을 하면 여덟 가지 변화를 이룬다. 이것이 8괘(☰, ☱, ☲, ☳, ☴, ☵, ☶, ☷)이다. 여기에서 비로소 역에서 말하는 괘가 생겼다. 이 괘를 다시 여덟 번 변화시킨 것이 64괘이다.

이 괘로서 나타내는 뜻을 괘상卦象이라고 한다. 역은 성인이 우주 자연 현상을 관찰해 괘의 형태로 상징한 것이다. 그러므로 이 속에는 천지가 핵심적으로 담겨 있다. 이것이 인간에게 적용될 때, 부모나 몸의 각 부위에 배당되기도 한다. 또한 8괘에는 제 각각의 성질이 배당되어 있기도 하다.

64괘는 이 8괘를 곱쳐서 변한 것으로 저마다 상징적인 의미가 있다. 8괘와 다른 것은 효爻라는 개념이 나오는 데 있다. 효는 음(--)과 양(-)으로 나타내고 있는 하나하나의 명칭이다. 64괘에는 저마다 여섯 개의 효가 있다. 그러므로 역의 전체 효는 64괘×6효로 384효가 된다. 효는 '여기에서 배운다'라고 하고, 상은 '여기에서 본뜬다'라고 해, 안에서 길흉이 움직여 밖으로 나타난다. 6효는 아래로부터 위로 세는데, 아래 세 획을 내괘內卦라고 하고 위의 세 획을 외괘外卦라고 부른다. 효는 아래에서부터 초初, 이二, 삼三, 사四, 오五, 상上이라고 부른다. 그런데 양(-)효에는 구九를, 음(--)효에는 육六을 덧붙여 부른다. 예컨대 양효는 초구, 구이, 구삼, 구사, 구오, 상구라 하고, 음효는 초육, 육이 육삼, 육사, 육오, 상육이라고 한다.

이러한 변화에 기초하는 역에는 네 가지 의미가 있다. 첫째는 '간이簡易'로 간단하고 쉬운 것, 둘째는 '교역交易'으로 사귀는 것, 셋째는 '변역變易'으로 변하는 것, 넷째는 '불역不易'으로 바뀌지 않는 것이다.

《주역》은 경經과 전傳으로 나뉜다. 경은 괘사와 효사가 핵심을 차지

한다. 괘사와 효사를 보고 길흉을 점치는 것이다. 전에는 〈단彖〉 상·하, 〈상象〉 상·하, 〈문언文言〉, 〈계사繫辭〉 상·하, 〈설괘說卦〉, 〈서괘전序卦〉, 〈잡괘雜卦〉 등 10편이 있다. 이를 십익이라 한다.

주역을 이해하는 방식은 다양하다. 단순히 점서로서 보는 측면이 있는가 하면, 인간의 의리에 빗대 해석하기도 하고, 숫자의 조합이나 도상으로 풀이하기도 한다. 각자의 이해관계에 따라 역을 해석하는 방식은 다양하게 열려 있다.

미래를 맞이하는 마음가짐

《역경》은 본디 점서라고 했다. 그렇다면 점칠 때의 마음가짐은 어떠해야 하며, 그 방법은 어떠할까. 점이란 나의 힘으로 헤쳐나가기 힘든 한계에 부딪혔을 때 쉽게 찾는다. 어떤 위대한 절대자에게 기대고 싶거나, 인간이 알 수 없는 운명 또는 앞날을 조금이라도 알고 싶어 하는 마음에서 발생하는 작용이다. 이런 나약한 마음은 현재 자신이 처한 상황과 직결된다. 불행한 상황에 처한 사람은 좀 더 나은 생활을 갈망하는 마음에서, 행복한 사람은 더욱 행복해지고 싶은 마음에서 점을 치기도 한다.

따라서 점을 치고 싶어 하거나 점을 치는 이유는 간단하다. 어떤 사람이 특정한 일을 수행하면서 몹시 괴로울 때, 혹은 생활이 최악의 상태에 처했을 때, 괴로움이나 불행에서 벗어나기를 갈망하는 심정이 고도에 달할 때, 점은 이를 극복할 수 있는 하나의 유용한 방식이 된다.

《역경》은 그런 점의 방식을 구체적으로 담고 있다. 역의 64괘는 하나하나가 어떤 상황에 처해 있는 인간의 모습을 보여주는 동시에 그것을 헤쳐 나가는 데 유용한 사고가 깃들어 있다. 인간의 모든 길흉화복吉凶禍福과 변화소장變化消長의 상태가 64괘에 모두 들어 있다. 따라서 인간의 미래가 64괘 가운데 어느 것에 해당하는가를 예언해 보려는 방법이 바로 점을 치는 일이다.

점을 친다고 마음먹었다면 아무렇게나 해서는 안 된다. 점을 치는 자세는 최선을 다하는 마음, 즉 정성이 가득해야 한다. 점은 인간의 지혜를 다해 추리하고 탐구하고 연구해도 쉽게 판단을 내리지 못 할 경우에만 친다. 다시 말하면 점을 치기 앞서 부딪힌 문제를 해결해보려는 스스로의 적극적인 노력이 중요하다. 노력에 노력을 한 결과, 판단이 서지 않을 때 점을 친다. 자신의 지혜를 다하지 않고 안이한 마음으로 점을 치는 자는 좋은 반응을 얻기 어렵다. 사악한 마음으로 점을 치려고 해서도 안 되고, 장난삼아 점을 치려고 해서도 안 되며, 부정한 일을 위해 점을 쳐서는 더욱 안 된다.《역경》은 우주자연의 올바른 법칙을 본받아 그 이치에 순응함으로써 계시를 얻은 것이기 때문에 부정한 일을 위한 점은 허용되지 않는다. 즉 점을 친다고 해도 도저히 점괘를 얻을 수 없다.

또한 동일한 사안을 가지고 거듭 점을 쳐서는 안 된다. 점의 결과를 의심하거나 마음에 들지 않는다고 두 번 세 번 되풀이하는 것은 점의 신성함을 모독하는 행위다. 이때도 올바른 점괘는 얻을 수 없다. 점은

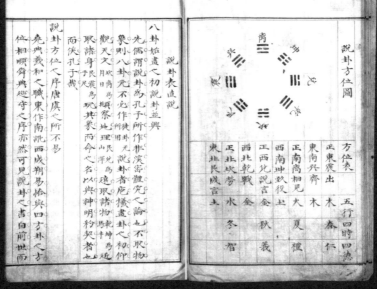

說卦方位圖

方位表	五行	四時	四德
正東震出	木	春	仁
東南巽齊	木	春	仁
正南離相見	火	夏	禮
西南坤致役	土		
正西兌說言	金	秋	義
西北乾戰	金	秋	義
正北坎勞	水	冬	智
東北艮成言	土		

說卦表直說

八卦始畫之初說卦並興
先儒謂說卦為孔子所作作非演衍
象則八卦元不必作徒用之不取物
觀天文坎離爲日月先為遠取諸物
取諸身艮爲玩其象兩命之名以與神明約契者也
西侯孔子哉
說卦方位之序唐虞之所不易
堯典羲和之職東作南訛西成朔易恰與四方卦之方
位相順舜典巡守之序亦然可見說卦之書自前世而

《주역사전》, 단국대학교 소장

미신일 수 있다. 그러나 《역경》에서 말하는 점치는 마음가짐은 점괘의 맞고 틀림을 떠나 일을 대하는 태도가 얼마나 소중한지를 보여준다.

역을 다시 해석하다

이러한 《역》의 특성을 기초로, 나는 《역》을 검토하며 재해석했다. 이를테면 역에는 세 가지 깊은 뜻이 있다. 첫째가 추이推移이고, 둘째가 효변爻變이며, 셋째가 호체互體이다.

12벽괘辟卦로 사계절을 상징하고, 중부中孚괘˙와 소과小過괘˙로 두 윤달을 상징한다. 여기에서 추이해서 50연괘衍卦를 만드니 이를 추이라고 한다. 12벽괘는 동지冬至에 하나의 양(—)이 비로소 생겨나니, 그 괘는 복復괘˙가 되고 임臨괘˙가 되고 태兌괘˙가 되어, 점점 나아가 건乾괘˙에 이르면 여섯 개의 양이 이루어진다. 하지夏至에는 하나의 음(— —)이 생겨나니 그 괘는 구姤괘˙가 되고 둔遯괘˙가 되고 비否괘˙가 되어 점점 나아가 곤坤괘˙에 이르면 여섯 개의 음이 이루어진다. 이것이 이른바 사시四時의 괘인데, 중국 전한 때의 사상가인 경방京房이 12벽괘라고 했다.

건乾괘˙의 초구初九는 건괘가 구姤괘˙로 변한 것이다. 손巽괘˙는 입入과 복伏이 되기 때문에 잠룡潛龍이라고 한 것이다. 건괘˙의 구사九四는 건괘가 소축小畜괘˙로 변한 것이다. 손巽괘˙가 다리가 되니, 아래에서 위로 오르므로 혹약或躍이라 한 것이다. 곤坤괘˙의 초육初六은 곤괘˙가 복復괘˙로 변한 것이다. 하나의 음陰이 비로소 교합해 순수한 건乾˙이

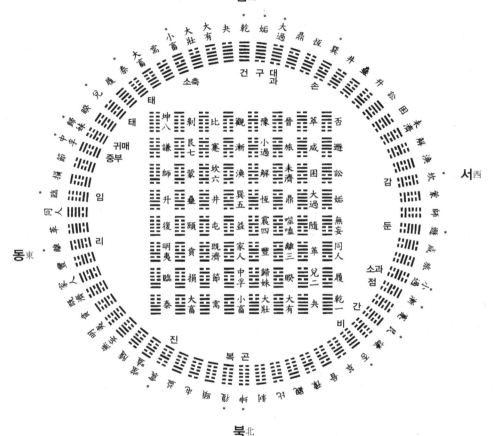

복희선천괘위도. 정약용은 이것이 설명하는 각 괘의 위치가 이치에 맞지 않다고 보았다.

되고, 건은 괘상이 얼음이 되므로 '서리를 밟으면 굳은 얼음이 이른다'라고 했다. 이것을 효변이라고 한다.

태泰괘˙의 두 호괘互卦는 귀매歸妹괘˙가 된다. 호괘는 맨 위와 맨 아래의 하나의 효를 제외한 네 개의 효에서, 아래 세 개의 효인 2·3·4효와 위의 세 개의 효인 3·4·5효를 합쳐 새로 만들어지는 괘이다. 태괘˙의 경우 2·3·4효인 태兌와 3·4·5효인 진震˙을 합하면 귀매歸妹괘˙가 되는 것을 말한다. 귀매괘˙의 4효爻가 움직이면 또 임臨괘˙가 되므로 '푸덕푸덕 열심히 날개치면서도 자기가 넉넉해지지 않음은 모두 실속을 잃었기 때문이다'라고 한 것이다. 비否괘˙의 두 호괘가 곧 점漸괘˙가 된다. 5효爻가 움직이면 또 간艮괘˙가 되므로 '망할까 두려워해 뽕나무에 맨다'라고 한 것이다. 음과 양의 사물이 섞이고 덕을 헤아리는 일이 모두 호상互象에서 취했다. 이것을 호체라고 한다.

세 가지의 깊은 뜻이 갖춰져서 사물의 모습이 오묘하게 합해진다. 세 가지의 깊은 뜻이 갖춰져서 발생하는 오르고 내리고, 가고 오고, 사라지고 자라고, 일어나고 없어지는 등 온갖 변화가 그 안에 담겨 있다. 동시에 성인의 뜻이 말에 나타난다. 팔八을 팔八로 곱하는 것은 변통하는 방법이 없기 때문에 죽음을 의미하는 사법死法이 된다.

시괘蓍卦의 수는 하늘에서 천수天數를 취하고 땅에서 지수地數를 취했다. 천수 1(3)에 지수 2(2×2=4)이면 소양少陽인 칠七이 되고, 지수 1(2)에 천수 2(3×2=6)이면 소음少陰인 팔八이 된다. 그리고 천수가 3(3×3=9)이면 노양老陽인 구九가 되고, 지수 3(3×2=6)이면 노음老陰인 육六이

된다. 노양과 노음은 변하지 않음이 없으므로 구九와 육六을 효爻라 한
다. 6획畫은 효가 아니고 6획의 움직임이 효가 된다.

역괘易卦에서 반대되는 경우는 역의 차례이다. 그 반대가 없는 것은
도체倒體에서 취했다. 예컨대, 대과大過괘•는 전도顚倒되었다고 하고,
'전도하여 기르나 길하다'고 했다. 또한 감坎괘•의 육삼효六三爻가 손巽
괘•의 들어옴[入]이 되고, 리離괘•의 초구효初九爻가 진震괘•의 도체倒體
가 된다.

역에는 역수逆數가 있고 본디 순수順數는 없다. 역수는 미래의 운명을
점치는 일이다. 《주역》〈설괘〉에 보면, "지나간 일을 헤아림은 도리를
따르는 것이고 미래를 앎은 거스르는 것이므로 역은 역수다"라고 했다.

중국 북송 때의 소옹邵雍이 진단陳搏의 책을 얻어 만든 복희선천괘
위도伏羲先天卦位圖, 이른바 선천도先天圖에서 괘卦의 자리는 이치에 맞지
않다. 거기에는 건乾은 남쪽에, 곤坤은 북쪽에, 리離는 동쪽에, 감坎은
서쪽에 배치했고, 진震은 동북, 태兌는 동남, 손巽은 서남, 간艮은 서북
西北에 배치하고 있다. 이 문제에 대해 주자도 '왕자합에게 답한 편지'
에서 드러내 밝힌 바가 있다.

나는 예기를 이렇게 읽었다

●

다음으로 《예기》를 말하고자 한다. 《예기》의 성립에 대해서는 그 설이

일정하지 않다. 현재 전하고 있는 《예기》는 중국 전한시대 대성이 정리한 《소대례기小戴禮記》이다. 공자는 하은주 삼대 이래의 문물제도와 의례·예절 등을 집대성하고 체계화하는 것을 자신의 책무로 삼았다. 제자들을 가르칠 때도 예를 익히고 실천하는 데 큰 의미를 부여했다. 그 결과 공자가 돌아가신 후, 제자들은 각 나라로 흩어져 공자의 가르침을 전파했고, 그 제자들에 의해 예에 관한 기록이 조금씩 쌓여가기 시작했다.

그들은 스승에게서 들은 이야기, 학설, 스승과 나눈 대화 등을 문자로 정착시켰고, 다시 그들의 제자들에게 전했다. 세월이 흐르면서 후학들에 의해 기록된 예에 관한 학설들이 엄청나게 늘어났다. 한나라 때는 200여 편이나 되었다. 이 무렵 전문적으로 예를 연구하는 학자가 등장했다. 그 가운데 대덕戴德과 대성戴聖이 흩어져 있는 예에 관한 학설을 수집해 편찬한 사람들이다. 대덕이 지은 것은 《대대례기》라고 하고, 대성이 지은 것을 《소대례기》라고 한다. 대덕과 대성은 숙질간으로 대덕이 대성의 작은아버지이기 때문에 대소가 붙은 것이다.

《예기》라는 명칭이 등장하게 된 데는 한나라 정현鄭玄의 《육예론六藝論》에 힘입은 바 크다. 정현은 "지금 세상에서 행해지고 있는 예는 대덕과 대성의 학설이다. 대덕은 기記 85편을 전했는데 그것이 바로 대대례大戴禮이고, 대성은 예禮 49편을 전했는데 그것이 바로 예기禮記이다"라면서 '예기'라는 명칭을 처음으로 언급했다. 이후 정현은 《소대례기》에 주석을 붙이고, 《주례》·《의례》와 함께 삼례三禮라 칭한다. 그럼으로써 《예기》는 주요 경전으로 부상하게 되었다. 정현은 《예기》를 주석하면서 신중하고 엄밀한 학문적 자세를 취했고, 원전을 존중했다. 어떤 경우에는 원전의 글자가 잘못된 것이 분명함에도 불구하고 원문을 고치지 않았다. 대신 주석으로 자세하게 지적해두는 데 그쳤다. 이러한 정현의 주註는 당시 다른 학자들이 엄두를 내지 못 할 정도로 자세했다.

《예기》 각 편의 작자에 대해서는 정확하게 알려져 있지 않다. 하지만 몇몇 편에 대해서는 작자가 전해지고 있다. 예를 들면 〈중용〉은 자사子思, 〈치의〉는 공손니자公孫尼子, 〈월령〉은 여불위呂不韋 혹은 주공周公, 〈예운〉은 자유子遊, 〈학기〉와 〈악기〉는 모생毛生, 〈대학〉은 증자曾子가 지었다고 알려져 있다. 그러나 많은 의혹이 있는 것도 사실인지라 절대적으로 믿을 만한 것은 아니다.

《예기》는 여러 사람이 잡다하게 기록한 것을 모은 책이기 때문에, 내용의 측면에서 체계가 없다. 그리고 번잡하다. 편차의 배열도 일정한 원칙이 없다. 그렇다고 하더라도 《예기》의 내용은 크게 두 가지 차원으로 나눠볼 수 있다. 하나는 의례에 대한 해설 부분이고, 다른 하나는 예 일반에 관한 철학적 이론이나 기록이다.

《예기》의 내용은 주로 중국 고대 사회의 생활의식에 관한 기록이다. 고대 사회에서 예의 영역은 국가의 통치제도로부터 사회 도리의 규정, 개인의 수신에 이르기까지 망라되어 있다. 따라서 통치의 수단이자 교화의 방법 차원에서 《예기》는 유교적 예치주의禮治主義를 선양하기 위한 기본 교재로 중시되었다. 특히 조선의 생활문화에 엄청난 영향을 끼친 경전이다.

그러나 나는 《예》를 다른 시선에서 바라봤다. 《예기》에 해박했던 정현의 주석은 지속적으로 후대 학자들이 권위를 인정받으며 전해 물려졌다. 문제는 그것이 완벽하지 않다는 데 있다. 정현의 모든 주석에 오류가 없는 것이 아니다. 따라서 그 주석을 가지고 유학자들이 성인의 경전처럼 받드는 것은 잘못된 행동이라 생각한다.

떠난 이를 기리기 위해 정성을 다하는 법

조선 사회는 유교식 상례와 제례 의식이 매우 엄격하다. 나는 그것에 대해 상당히 고심하며 옛 기록들을 검토하면서 《상례사전》과 《제례고정》이라는 책을 엮었다.

《상례사전》의 〈상의광〉에서는 이렇게 정돈해 보았다. 질병이 들었다고 했을 때, 이미 목숨이 끊어진 것으로 보는 것이 낫다. 그리고 상복을 고려할 때, 남성과 여성의 복장을 깨끗하고 간략한 의복으로 고칠 필요가 있다.

천자나 제후의 상례 때는 초상이 난 지 3일이나 5일 뒤에 처음 상복을 입는 성복을 하고, 주검을 수습한 후 송장에게 옷을 거듭 입히고 이불로 싸서 베로 묶었다. 흔히 말하는 소렴과 대렴이다. 천자·제후·대부·사는 제각기 삼우三虞를 마지막 장례의식으로 삼았다. 장사를 지낸 뒤 별도로, 그러니까 석 달 또는 제후의 경우에 다섯 달, 천자의 경우에 일곱 달 만에 일정한 날을 택해 제사를 지내는 경우는 없다.

신주를 사당에 모시는 경우, 신도神道로 함께 모실 뿐이다. 길제吉祭는 계절마다 관례적으로 행하는 일이므로 조상의 신주를 모시는 것과는 별도이다.

《상례사전》〈상구정〉에서는 이런 생각도 적어 놓았다. 시신을 덮는 이불은 접어서 몸을 감싸야 하기 때문에 폭이 넓어야 하고 접는 부분이 별도로 없다. 자루처럼 집어넣는 것도 아니다.

시신에서 두 손과 팔은 길게 이어 서로 맺는다. 그러니까 둘로 나눠 각기 싸지 않고, 길게 이어 맺어 놓되 가운데를 흰 댕기로 매어 둘로 보이게 한 것이다. 시신의 머리를 싸는 것이 이미 있으므로 검은 비단으로 만든 복건은 폐기해야 한다. 시신에 입히는 옷은 세로로 세운 옷깃이 아니라 가로로 뻗은 옷깃을 만들어야 한다. 시신에 입히는 옷은 흰 베로 만들되 소매를 넓게 하고 검은 비단으로 가장자리를 두른다. 크기는 열두 폭으로 앞이 세 폭이고 뒤가 네 폭이다. 이는 다른 아래옷과 같다. 세 폭은 앞 옷깃에 겹치고 폭은 두 겨드랑이 아래에 주름 잡혀 들어가게 한다. 장사를 주관하는 사람이 관을 수레에 싣되, 수레의 네 바퀴가 땅에 닿게 해서는 안 된다.

《상례사전》〈상복상〉에서는 또 이렇게 기록해 놓기도 했다. 상복을 입을 때 머리에 두르는 짚과 삼으로 만든 띠를 맞잡아 맨 것은 마땅히 목 뒤로 가게 해야 한다. 상복을 입을 때 허리에 매는 띠는 칡을 섞어 넣어 세 가닥으로 만들고, 상복에 쓰는 삼띠를 세 겹으로 하는 것은 예의에 어긋난다.

상중에 쓰는 모자에는 그것을 매는 띠가 있는데, 베 한 가닥 끈으로 상복을 매는 띠로 삼는 것은 예의가 아니다. 3년상을 지낸 때 입는 참최斬衰와 1년상을 할 때 입는 재최齋衰, 9개월상을 할 때 입는 대공大功, 5개월상을 할 때 입는 소공小功, 3개월상에 입는 시마緦麻 등 다섯 가지의 상복은 모두 제복을 본뜬 것이다.

《상례사전》〈상기별〉에는 또 이렇게 검토해 놓기도 했다. 1년상에는 1년이 아니라 한 달 앞당겨 11개월 만에 제사를 지낸다. 이는 조부모나 백부모·숙부모·형제·조카에게도 모두 해당한다. 다른 사람의 뒤를 잇게 된 경우, 아우가 형의 뒤를 잇기도 하고 혹은 손자가 할아버지를 잇기도 하므로 명칭은 바꾸지 않고 자기 부모를 부모로 한다.

제사에 관한 내용을 자세하게 검토한 《제례고정》에서는 〈제법고〉·〈제기고〉·〈제의고〉·〈제찬고〉 등으로 나누어 편찬했는데, 이런 연구도 있다. 제후나 대부의 제사는 3대를 넘을 수 없다. 태조는 옮기지 않는 것이므로 별도의 사당에 옮겨서는 안 된다. 맏아들 이외의 아들들은 제사를 받들지 않는다. 4대 이내의 자손 가운데 항렬이 가장 높은 연장자가 신주를 옮겨 모시는 것은 예의가 아니다. 대부는 제사를 두 차례 지낼 뿐, 사계절에 모두 제사를 거행할 수는 없다. 천자·제후·대부·사 등 계급에 따라 각기 제사에 사용하는 그릇의 재질과 수효가 정해져 있으므로, 마음대로 증감해서는 안 된다. 또 술잔과 국그릇 등은 홀수로 사용하고 대나무 그릇이나 나무그릇 등의 제기는 짝수를 사용한다.

나는 악경을 이렇게 읽었다

●

《악》은 《악경》을 말한다. 현재는 전하지 않는다. 한나라의 응소應劭나 양나라의 심약沈約은 《악경》이 진시황의 분서갱유 때 없어진 것으로 보았다. 예전부터 많은 글들이 《악경》에 따르고 있지만, 《예기》〈경해〉에서는 《악경》에 관한 글이 보이지 않는다. 악樂의 대략적인 줄거리와 자질구레한 조목들은 《예기》에 갖춰져 있고 그 가사는 《시경》에 갖춰져 있다. 음악과 춤은 전통적으로 음악을 맡은 관리에 의해 전해지기 때문에 별도로 《악경》이 있지는 않았다고 하는 주장도 있다. 연유가 무엇이든 《악경》은 다른 경전처럼 별도의 책으로 전하지는 않는다.

오성과 팔음

《악》이라고 하면, 오성伍聲과 팔음八音을 전체적으로 지칭한다. 오성은 청탁淸濁과 고저高低에 의해 분류한 궁宮·상商·각角·치徵·우羽를 가리키며 오행에 비유된다. 팔음은 악기의 재료에 따라 분류하는 방법으로 금金·석石·사絲·죽竹·포匏·토土·혁革·목木으로 나뉘는데, 《주역》의 팔괘에 비유된다.

악은 흔히 음악音樂을 가리키지만, 오성·팔음 등과 관련된 단순한 것으로만 존재하지 않는다.《예기》〈악기〉에서는 다음과 같이 음과 악을 구분해 말하고 있다.

음音은 사람의 마음에 근거하여 일어나고, 사람의 마음이 움직이는 것은 사물이 그렇게 일어나도록 한다. 이때 마음의 움직임은 소리로 나타난다. 소리가 서로 뜻에 응하면, 맑고 탁하고 높고 낮은 것, 즉 청탁고저의 변화가 생긴다. 소리의 변화가 곡조를 이루는 것을 음이라 한다. 그 음을 여러 가지로 조합해 악기로 연주하되 춤과 결부될 때 이를 총칭하여 악樂이라고 한다. … 또한 시는 그 뜻을 말한 것이고, 노래는 그 소리를 읊는 것이며, 춤은 그 용모와 자태를 움직이는 것이다. 시와 노래와 춤, 이 세 가지가 마음에 바탕을 이룬 후에야 악기를 가지고 연주하는 것이다.

이러한 까닭에 악은 성음뿐만 아니라 시와 가무를 포괄하는 종합예술이다. 노래를 부르거나 악기를 연주하는 음악 활동 자체에 머무르는 것이 아니라, 그 작용과 의의를 고려하면 인류의 문화 활동을 총칭한다. 정치의 융성과 정권의 교체, 국가의 흥망성쇠, 개인의 행복과 불행 등 인류의 삶 전반에 관계한다.

《악기》에 의하면 악의 근원은 인간의 마음에 두고 있다. 그러나 악은 기본적으로 천지자연의 이치와 법칙을 본받아 제작되었다. 그 기능과 작용은 천지자연의 조화를 나타내는 만큼, 인간의 현실이 예에

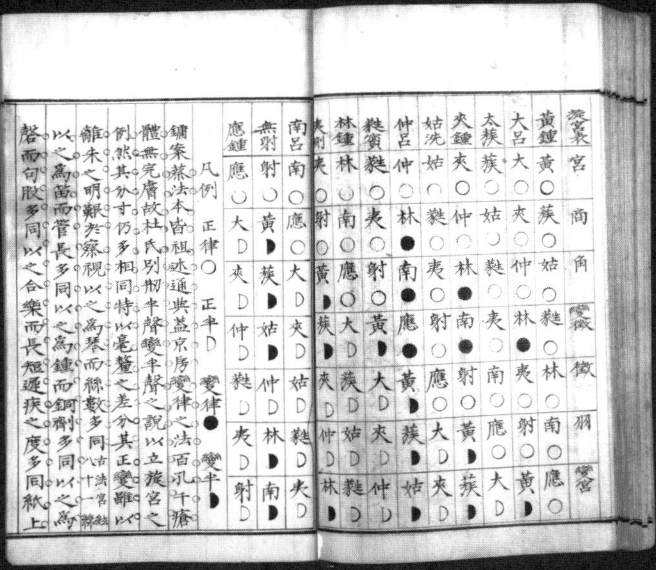

《악서고존》. 한국학중앙연구원 장서각 소장

의해 질서를 이루고 현실세계에서 벌어지는 갈등을 해소하고 조화시켜 사람의 마음을 화합하게 만드는 데 있다. 또 악을 임금이나 관리, 서민, 다양한 사물 사이에서 각각의 도리에 통한다고 보고, 모든 윤리의 기본으로 자리매김하기도 했다.

악을 다시 해석하다

이런 점을 염두에 두고, 《악》에 대해 검토했다. 예를 들어 오성伍聲과 육률六律의 경우 한 가지로 다룰 사안이 아니다. 육률로 악기를 제작하니 악가樂家의 선천先天이고, 오성으로 가락을 나누니 악가의 후천後天이다.

전국시대 때 제나라의 추연鄒衍이나 《여씨춘추》를 지은 여불위, 《회남자》를 지은 유안劉安 등이 '율을 불어 소리를 정한다'고 주장했다. 하지만 내가 볼 때 이들의 주장은 올바르지 않다.

또한 삼분손익三分損益이나 취처생자娶妻生子, 괘기월기卦氣月氣·정반변반正半變半 등의 이론은 뭔가 맞지 않는 것 같아 취하지 않는다.

삼분손익은 음악에서 율관律管의 길이를 계산하는 방법이다. 황종관의 길이 9촌을 표준으로 삼고, 차례에 따라 12율을 계산하는 것이다. 황종 9촌을 3등분해 1분을 빼면 6촌이 되는데 이것이 임종林鐘이다. 또 그 6촌을 3분해 1분을 더하면 8촌이 되는데 이것이 태주太簇가 된다. 다른 것도 이와 같은 방법으로 계산한다.

취처생자는 양陽의 율律이 음陰의 아내를 맞이하고, 음의 려呂가 아들을 낳는 것이다. 예컨대 황종인 일양─陽 복復이 유빈蕤賓인 일음─陰 구姤와 교합해 이음二陰 둔屯을 낳아서 임종林鐘이 되는 것이다. 자리가 같은 것은 부부를 상징하고 자리가 다른 것은 아들과 어머니를 상징한다. 그러나 나는 이와 다르게 생각한다. 황종黃鐘의 짝은 대려大呂이고 태주太簇의 짝은 협종夾鐘이다.

괘기월기는 1년 12월을 《역경》의 괘卦에 배합시킨 것이다. 예컨대 정월은 태泰, 2월은 대장大壯, 3월은 쾌夬, 4월은 건乾, 5월은 구姤, 6월은 둔遯, 7월은 비否, 8월은 관觀, 9월은 박剝, 10월은 곤坤, 11월은 복復, 12월은 임臨괘에 맞췄다. 정반변반은 12율에 정반성正半聲·변반성變半聲을 배정한 것이다.

육률을 각각 3등분해 1분을 빼 육려六呂를 낳는 것은 주나라의 악관인 영주구怜州鳩의 대균大均·세균細均, 3기三紀·6평六平의 이론에 따른 것이다.

육률을 각각 3등분해 1분을 빼 육려를 낳는 것을 예를 들어 설명하자면 황종 81을 3등분해 1분을 빼서 대려 54를 낳고, 태주 78을 3등분해 1분을 빼서 협종 52를 낳는다. 나머지 4율이 4려를 낳는 것도 이와 같다. '대균·세균'이라는 말은 영주구가 "균이란 조調이니, 대조大調를 대균大均이라 하고 소조小調를 세균細均이라 한다"라는 의견에서 나왔다.

3기·6평은 음률에서 3으로 기율을 삼고 6으로 고르게 하는 것이다. 율律에는 3기가 있는데, 대율大律은 황종黃鐘, 중률中律은 고선姑洗, 소율

小律은 이칙夷則이다. 중국 고대 사회의 음악에는 이 세 가지 율밖에 없었다고 한다. 대율의 수는 81, 중률의 수는 75, 소율의 수는 69로, 대·중·소 사이에 6으로 차이를 두었다. 이 3기 아래에 각기 1율씩 낳아서 그 성조를 고르게 했다. 3기 사이에 각기 6의 수로 차이를 두고 그 두 기 사이에 각기 1율씩을 꽂는 것이 6평이다. 대평大平은 태주太簇, 중평中平은 유빈蕤賓, 소평小平은 무역無射이라고 한다. 대·중·소의 3평이 3기와의 사이에 각기 3으로 차이를 두면서 6율이 열을 이루게 된다. 이런 내용은 졸저《악서고존》에 자세하게 논의되어 있다.

나는 춘추를 이렇게 읽었다

●

《춘추》는 고대 역사를 기록한 책의 통칭이었다. 즉 역사 기록을 가리켰다. 각 나라에는 각각의 《춘추》가 있었다. 그러나 후세에 모두 전해지지는 않았다. 단지 노魯나라의 《춘추》만이 전해졌다. 이리하여 《춘추》는 노나라의 역사를 가리키게 되었다.

《춘추》는 춘추시대 노나라 사관이 노나라를 기준으로 기록한 역사이다. 그 내용에는 노나라 은공隱公 원년(기원전 722)부터 애공哀公 27년(기원전 468)까지 255년간의 기록이 담겨 있다. 노나라를 중심으로 한 여러 주변국들의 중요한 사건, 예컨대 군주의 즉위, 개원改元, 조빙朝聘, 회맹會盟, 사망, 전쟁, 제사, 천재天災 등 다양한 일을 기록하고 있다.

서술 방식은 편년체로 되어 있으며, 문체는 지극히 간결하다. 편년체란 역사적 사실을 연대기로 기술하는 방식이다. 이를 공자가 다시 새롭게 정리해 《춘추》로 편찬했다.

공자는 《춘추》를 편찬하면서 연대기식으로 사실만을 정리해 나열하지 않았다. 하나하나의 사실에 대해 "옳은 일이냐 그른 일이냐, 착한 일이냐 나쁜 일이냐"를 따지는 정사선악正邪善惡의 가치판단을 내리고 사실史實의 시비를 가리었다. 이런 정신을 담아서 글을 쓰는 것이 이른바 '춘추필법春秋筆法'이다. 때문에 《춘추》는 유학 경전 중에서 중요한 위치를 차지한다. 《맹자》〈등문공〉에 보면 공자 가라사대 "나를 알아줄 자도 춘추요 나에게 죄를 줄 자도 춘추일 뿐이다"라고 했다. 《춘추》를 통해 공자가 역사 비판에 얼마나 심혈을 기울였는지 알 수 있는 대목이다.

공자가 《춘추》를 지을 당시 중국은 혼란의 시대였다. 《맹자》〈등문공〉에 보면 "세상이 쇠란해지고 정도가 희미해져서 사악한 논설과 폭행이 일어났으니, 신하가 임금을 죽이고 자식이 아비를 죽이는 일이 생겼다. 공자가 이를 두려워해 《춘추》를 지었다"고 했다. 맹자는 또한 이러한 공자의 뜻을 "《춘추》가 지어지니 난신亂臣과 적자賊子가 두려워하게 되었다"라고 말하고 있다.

하늘을 받들고 본받다, 춘추의 도

오늘날 전하고 있는 《춘추》의 해설서는 《좌전左傳》·《공양전公羊傳》·《곡량전穀梁傳》 세 가지이다. 이를 통합해 《춘추삼전春秋三傳》이라 한다. 이 삼전은 《춘추》를 풀이한 것으로, 서로 다른 관점에서 해석했으므로 전통적으로 그 특색과 차이 및 장단점에 대해 의견이 많았다.

춘추의 도는 하늘을 받들어 선왕을 본받는 일이다. 비록 훌륭한 솜씨를 가졌더라도 콤파스와 자로 다스리지 않으면 올바른 동그라미와 직각을 그리지 못 한다. 비록 귀로 살피는 방법을 가졌더라도 악기로 연주해보지 않으면 음을 정하지 못 한다. 비록 사물을 파악하는 능력을 가졌을지라도 선왕들의 경험을 살펴보지 않으면 천하를 평정하지 못 한다.

그렇기에 선왕들이 남긴 도는 천하의 자, 악기처럼 세상을 다스리는 법도에 해당한다. 따라서 성인은 하늘을 본받고 현인은 성인을 본받는 것이 바른 이치이다. 세상의 바른 이치를 얻으면 다스려지고 바른 이치를 잃으면 어지러워진다. 여기에서 다스림과 어지러움이 나뉘게 된다.

들리는 바로는 세상에는 두 가지 길밖에 없다. 성인들이 다스리는 형식이 다를지라도 그 원리는 동일하다. 그것은 옛날이나 지금이나 두루 통한다. 그렇기에 선현들이 그 원리를 후세에 전달하는 것이다.

《춘추》에서는 세상일에 대해 복고復古를 좋게 여기고 일상의 상식을 바꾸는 것을 책망한다. 그렇기에 앞서간 성왕들을 본받으려고 한다. 그러나 오늘날 새로운 제왕이 제도를 개혁한다는 것은 그 도를 개혁하는 것이 아니고, 그 이치를 변혁시키는 것도 아니다. 하늘의 명을 받아 성을 바꾸고 왕을 바꿔 전왕을 계승하지 않고 스스로 왕이 된다. 앞서간 왕을 계승해 왕자가 된다 함은 다른 것이 아니다. 하늘의 명을 받은 군주를 하늘이 크게 나타낼 뿐이다. 부모를 섬기는 자식이 부모의 의향을 이어가고, 군주를 섬기는 신하가 군주의 뜻을 본받는 것처럼, 하늘을 섬기는 일도 이와 같다.

춘추를 다시 해석하다

나는 《춘추》는 이렇게 다뤘다. 이를테면 제후가 주나라 왕이 정한 달력을 받드는 것은 예의에 맞는 일이다. 아무리 주나라가 쇠퇴했다고 하더라도 마땅히 주나라의 왕이 정한 달력을 써야 한다. 하나라는 인월寅月인 1월을, 은나라는 축월丑月인 12월을, 주나라는 자월子月인 11월을 한 해의 첫 번째 달로 정했다. 당시 여러 나라가 여전히 하나라 역법을 혼용했다. 예를 들어 《좌전》 은공 3년 여름 4월조를 보면 제후인 정의 제족이 군사를 거느리고 천자의 나라인 주를 쳐서 온 땅의 보리와 성주 땅의 벼를 취했다. 그런 사실이 있기에 '여름에 온의 보리를 취하고 가을에 성주의 벼를 취하였다'라고 한 것이다. 그러나 공식적으로는 주나라 천자의 정월이라는 의미의 '왕정월王正月'이라는 글을 써서 자월子月인 11월을 한 해의 시작으로 삼았다. 사실 이 '왕정월'이란 말은 《춘추》의 순서를 일러주는 하나의 상징이다. 춘추시대에는 제후가 제각기 자기 나라의 주인임을 자처하며 역법을 달리했다. 그러나 공자가 존왕대의尊王大義를 명시하면서, 노나라에서 한 해를 시작

洌水　丁鏞　述

春秋考徵一

春秋者六藝之一古之所謂左史也王道行則其一
言一動皆可爲經故書與春秋列于六經王跡熄則
言皆鄙俚事皆壞亂故右史所作流于詞命左史所
記名爲傳紀於是經史分爲二門尊卑邈若九級其
實史未始非經也然曾隱以前之史巳而不傳今所
存孔子春秋則不過存十一於千百惟其義例可考
而巳余觀春秋義例惟據實直書而其善惡自見矣

《춘추고징》, 단국대학교 소장

할 때마다 '춘왕정월春王正月'이란 네 글자를 썼다.

문장 가운데 한 글자로 칭찬해주는 말이 착한 일의 차원에서는 같으나 쓰이는 사례가 다르고, 한 글자로 꾸짖는 말이 나쁜 일의 차원에서는 다르나 쓰이는 사례는 같았다.

《춘추》환공 14년 조에 '하오월夏伍月'을 '하오夏伍'라고 썼고, 장공 24년 조에 '하오곽공夏伍郭公'이라고 써서, '하오夏伍' 다음에 '월月'자를 빠뜨렸다. 내가 볼 때 이런 것은 사서史書에 관례적으로 등장하는 궐문闕文의 사례를 따른 것이니, 이전의 어떤 학자들처럼 의미를 곡해할 필요는 없다.

노나라 때 좌구명左丘明(기원전 770~기원전 476)이 지었다는 《좌전》은 《춘추》의 전傳이 아니다. 그 경의 뜻을 해석한 사정을 들여다보면 한나라 때 유학자들이 몰래 증보한 것이다.《공양전》과《곡량전》을 폐기할 수 없었기 때문이다.

천자가 교외에서 하늘과 땅의 신에게 제사를 지내던 교제는 곧 상제上帝에게 올리는 것이다. 동지 때는 천자가 스스로 남쪽 교외에 가서 하늘에 제사지내고, 하지 때는 스스로 북쪽 교외에 가서 땅에 제사를 지낸다. 그러므로 동방의 청제靑帝, 남방의 적제赤帝, 서방의 백제白帝, 중앙의 황제皇帝, 북방의 흑제黑帝 등 다섯 방향의 상제에게 제사를 지내는 것은 한시대 유학자들이 진秦나라 사람들이 잘못 알고 있던 오류를 답습한 것이다.

체禘는 오제伍帝의 제사이다.《주례》에는 '체'라고 말하지 않고, '오제를 제사한다'고 했는데, 이것이 체 제사이다. 그러므로 춘추시대 초 나라 대부였던 관사보가 매번 체 제사나 교 제사에 관한 일을 가지고 연달아 말한 것이다.

동지에 원형으로 쌓은 단(원구단圜丘壇)에서 천자가 제사를 지내는 것은 재난을 물리치는 별도의 제사로, 교외에서 하늘에 지내는 제사와는 다르다.

춘추시대에는 상을 당했을 때 그 기간이 변하지 않았다. 그런데 진晉나라 학자 두예司隷(224~284)가 은나라 고종이 아버지 소을小乙의 상을 치르면서 오두막에서 3년 동안 말하지 않았던 사실을 두고, 천자가 상을 치르는 집에 대해 이런저런 말을 하면서 그 기간을 짧게 하려는 잘못을 저질렀다. 말은 그럴 듯하게 꾸며 놓았지만, 나는 그의 의견에 동의할 수 없다.

나는 논어를 이렇게 읽었다

●

《논어》는 공자와 필연적인 관계에 있는 경전이다. 공자는 최고의 스승이자 성인으로 추앙받는다. 기원전 551년 노나라 창평향 추읍에서 태어나 기원전 449년까지 생존했다고 전해지니 약 72년을 산 셈이다. 공자의 어머니는 공자를 낳기 위해 니구산尼丘山에서 기도했다고 한다. 그래서 공자의 이름을 구丘, 자를 중니仲尼라고 지었다. 아버지는 숙량흘叔梁紇이고, 어머니는 안징재顏徵在이다. 공자를 낳을 당시 아버지는 60세가 넘은 노인이었고 어머니는 15세에서 16세 가량의 소녀였다. 이를 두고 사마천은 야합소생野合所生이라고도 했다.

공자는 태어난 지 얼마 지나지 않아 아버지를 잃었다. 가장이 사라지면서 가정 또한 형편이 어렵게 되었다. 그러므로 공자는 온갖 궂은 일을 하면서 홀어머니를 봉양하고 생활을 꾸려나가야 했다. 창고지기, 목축 관리원도 지냈는데, 항상 책임감이 강해 나중에는 노나라의 대사구大司寇에 이르렀다. 대사구는 당신들에게 검찰총장이나 법무부장관에 해당하는 높은 관직이다.

공자는 어디를 가나 공부를 했으며 알지 못 하면 바로 물었다. 일생에서 자기의 뜻을 제대로 편 적이 아주 적었다. 만년에는 고적을 정리하는 데 전념해 《시》, 《서》, 《예》, 《악》, 《역》, 《춘추》 등 육경을 편찬했고, 학술 강학에 힘썼다.

구체적인 일상의 말, 논어

《논어》는 공자와 몇몇 제자들의 말과 행동을 기록한 책이다. 일종의 대화록이라고 할 수 있다. 이것은 공자가 생존했을 때 쓰인 것이 아니라 공자 사후 약 70여 년 뒤에 편찬된 것이라고 한다. 《논어》 원본은 원래 세 종류가 있었다고 한다. 첫 번째는 공자의 옛집을 헐다가 발견한 고문으로 된 《고논어》 21편이 있었고, 두 번째는 제나라 사람들이 전한 《제논어》 22편이며, 세 번째는 노나라 사람들이 전해온 《노논어》20편이다. 이 가운데《고논어》와《제논어》는 없어졌다. 우리가 가리키는《논어》는 전한 말기 장우張禹가《노논어》를 중심으로 엮은 것이다. 〈학이〉에서 〈요왈〉에 이르는 20편의 편명은 특별한 의미를 지닌 것은 아니다. 단지 글의 첫머리를 따서 편명으로 삼은 것일 뿐이다.

20편의 글이 비록 공자의 제자 문인의 기록이라 하더라도《논어》는 어느 한 사람의 손에 의해 이루어진 것이 아닌 듯하다. 또 한꺼번에 저술된 것도 아닌 듯하다. 내용이나 문체상 공자에게 직접 배운 제자들의 기록으로만 보기에도 어려운 점이 많다. 공자 제자의 제자가 기록한 것도 포함되어 있을 것이다. 허나 분명한 것은 공자의 사상을 담고 있으며 그를 추종하는 후학들이 저술했으리라는 점이다. 유학자들의 공동 저술 정도가 될 듯하다. 그러므로《논어》의 내용은 광범위하고 다양하다. 각 편 각 장도 모두 개별적이며 독립적이다. 주제가 논리정연하게 체계적으로 제시된 것은 아니지만, 각 편마다 나름대로 무언가를 드러내려는 의도는 엿보인다. 그때그때 일어나는 사안에 따라 문답식으로 정리한 내용을 주제별 내용별로 나누면 크게 다음과 같이 분류할 수 있다.

첫째 공자와 제자 사이의 일상생활에 관한 문답이고, 둘째 당시의 정치인이나 정치에 대한 공자의 비평이며, 셋째 공자 자신의 일상생활에 관한 의식이나 예절에 대한 문제이자, 넷째 역사상 인물의 사적에 대한 숭앙이나 찬미이다.

이처럼 구체적인 일상에서 말한 것이 대부분이라 추상적 논리적 이론을 앞세운 말은 거의 없다. 이것이 유학의 특색이다. 즉 현실적이고 구체적인 문제를 거론한다. 일상에서의 윤리적 실천을 강조하는 학문태도는 여기에서 크게 영향을 받은 것이리라 생각된다. 이러한《논어》와 관련된 책은 삼천 종을 헤아린다고 한다.

예에서 인으로, 논어의 영향

공자의 사상은 은나라와 주나라 사회의 사상 조류에 연원을 두고 있다. 그리고 당시 춘추시대의 여러 사상가와 정치가들, 예컨대 정나라의 자산子産, 제나라의 안영晏嬰 등의 언행을 많이 받아들였다.

춘추시대에는 예禮를 중시했다. 당시 사람들에게 '예'란 "하늘의 법이요, 땅의 뜻이며, 백성의 행동"이었다. 공자는 그것을 '인仁'으로 바꿨다. 즉 '인'이 없이는 예를 말할 수 없다고 여겼다. 공자는 '인'에 대해 여러 가지 정의를 내렸다. 그것을 한마디로 말한다면 "남을 사랑하라"는 것이다. 즉 생명을 지닌 모든 것을 사랑하는 일이었다.

공자의 뜻은 "늙은이를 편안하게 하고 벗을 미덥게 사귀며, 어린이를 은혜롭게 하는 것"이었다. 때문에 그의 제자들은 하층 출신들이 절대다수였고, 상층 출신들은 손으로 꼽을 정도로 적었다. 공자 자신도 몰락귀족이었다. 이것으로 볼 때 공자는 인간을 계급으로 나눠 차별하지 않은 듯하다.

공자는 30세부터 제자를 받아들였다. 그리하여 늙어서도 한결같이 배움을 싫어하지 아니하고 남을 가르치는 데 게으르지 않았다. 공자가 죽은 후 제자들이 시묘살이를 했는데, 어떤 이들은 3년 동안 머물렀으며 자공 같은 이는 6년 동안 머물었다고도 한다. 공자는 제자들과 함께 천하를 돌아다니면서 세상을 구원하기 위해 힘썼으나 뜻대로 되지는 않았다.

《논어》는 우리에게 잘 알려져 있다. 특히 주자의 《논어집주》는 우리의 의식을 성리학 일변도로 나아가게 만들었다. 이제 시대가 많이 바뀌었다. 주자가 편찬하고 주석을 붙인 《대학장구》, 《논어집주》, 《맹자집주》, 《중용장구》 등 사서는 유학의 역사에서 정말 중요한 작품이다. 그만큼 큰 영향을 미쳤다.

논어를 다시 해석하다

그런데 나는 여러 측면에서 그 해석에 의문을 제기한다. 이와 같이 내가 탐독하며 연구한 그대로의 《논어》가 바로 나의 《논어고금주》이다. 작업을 하다 보니 기존의 해석과 다른 것이 많다. 몇 가지 사례를 들어본다.

《논어》〈학이〉에 보면, "군자는 근본에 힘써야 한다. 근본이 서야 도가 생긴다. 부모에 대한 효도와 형에 대한 공손인 효제孝弟가 바로 인仁을 이루는 근본이다"라는 말이 있다. 주자의 《집주》에는 효제와 인에 대한 풀이가 다양하다. '효제는 인을 행하는 근본이다', '효제는 순덕順德이다', '인은 효제의 뿌리이다', '인의 실천이 효제에서 시작된다', '효제는 인의 쓰임이다' 등이 그것이다.

이 대목에서 유자가 말한 효제는 바로 인이다. 인은 전체를 몰아서 부르는 명칭이고, 효제는 나눠 부르는 세부 조목이다. 인이 효제로부터 비롯되므로, 효제가 인의 근본이 된다고 한 것이다.

〈위정〉의 첫 구절에 "정치를 덕으로 하면 북극성이 제자리에 있되 여러 별들이 함께 도는 것과 같다"라는 말이 있다. 북극성이 제자리에 있음으로써 남극을 바로 하니, 정치지도자가 마음을 바르게 하는 것을 상징한다. 정치지도자의 마음이 바름으로써 모든 관리와 백성이 함께 움직이며 본분에 맞게 잘 되어가니, 이른바 '여러 별이 함께 돈다'라고 한 것이다. 주자가 《논어집주》에서 '함께 돈다'는 뜻의 공共을 '향하다'의 향向으로 해석했는데, 이는 의미 없는 말이다.

〈팔일〉에는 곡삭告朔에 관한 사안이 나온다. "자공이 곡삭례에 희생양[餼] 바치는 것을 그만두려고 하자 공자가 말했다. '사야, 너는 양을 아까워하지만 나는 예를 중요하게 여긴다.'" 이 대목에 대해 주자는 《주자집주》에서 다음과 같이 풀이했다.

곡삭의 예는 옛날 천자가 음력 섣달에 모든 나라의 제후에게 다음 해의 달력을 반포하면, 제후는 그 달력을 받아 조상을 모신 사당에 보관해 두었다가, 매월 초하루가 되면 한 마리의 숫양을 바치고 사당에 고한 후 백성에게 알리고 따르게 한 예이다. 희생은 산 희생이다. 노나라에서는 문공 이래로 곡삭례를 지키지 않았다. 그러나 유사가 이전과 같이 희생양을 바쳤다. 그것을 자공이 없애려고 했던 것이다.

이 대목에는 의문이 생긴다. 곡삭에는 세 가지가 있다. 먼저 곡삭告朔이 있다. 곡삭은 주자의 《집주》에 나온 그대로이다. 다음으로 제삭祭朔이 있다. 곡삭을 마치고 나서 조그마한 소를 제물로 해서 조상의 사당에 제사를 지내는 것이다. 마지막으로 시삭視朔이 있다. 제삭을 마치고 임금이 가죽 고깔을 쓰고 달력에 관한 것을 태묘 안에서 듣는 일이다. 춘추시대 240여 년 동안 노나라의 문공이 우연히 병이 있어서 네 번 정도 시삭을 하지 않았으나 제사를 거른 적은 없었다. 네 번 시삭을 거른 것인데 그것을 몰라서 '100년 동안 시삭을 하지 않았다'라고 했으니, 이치에 맞지 않는다. 그리고 또 희생에 관한 문제가 있다. 사당에 제사하는 희생을 '희饎'라고 부르지는 않는다. 희란 손님에게 대접하는 고기 등을 말한다. 때문에 이 대목은 주나라 왕실이 쇠미해져서 천자가 제후에게 곡삭례를 통해 달력을 다시 반포하지 못 했으므로, 자공이 그 희생양을 없애려 한 것으로 보는 것이 정당하다.

〈공야장〉에서 공자가 "영무자는 나라에 도가 있으면 아는 척했고, 나라에 도가 없으면 어리석은 척했다. 그가 아는 척하는 것은 누구나 따를 수 있으나 그가 어리석은 척하는 것은 누구나 따를 수 없다"고 말하는 대목이 있다. 이에 대해 주자는 《춘추전》을 인용해 다음과 같이 풀이했다. "영무자는 위나라 문공과 성공 때 벼슬을 했다. 문공이 도를 따랐으므로 영무자도 드러날 만한 일을 하지 않았다. 이에 대해 공자가 영무자를 아는 척하고 현실정치에 참여한 태도라고 말했다. 한편 성공은 무도해 나라를 거의 망할 지경에 이르게 했다. 그러자 영무자가 이리저리 주선하고 성심성의껏 힘을 다해 어렵고 위험한 일도 피하지 않고 했다. 그와 같은 처지에 놓이면 꾀 많고 간사한 자들은 어렵고 위험한 일을 피하며 일을 하지 않는다. 그리고 자신을 보전하면서 임금도 구제하려고 할 것이다. 그러나 영무자는 어리석은 사람처럼 행동했다. 이에 공자가 '그의 어리석은 척하는 것을 따를 수 없다'고 한 것이다." 이런 해석이 영무자의 사람됨을 평가하는 데 오해를 낳을 수 있다. 영무자는 처음에 위나라 성공을 따라 몸이 젖고 발이 부르트도록 갖은 고생을 겪었다. 이것은 자신을 잊고 나라를 위해 목숨을 바치는 우직한 충신의 모습이다. 성공이 초나라에서 돌아와 공달이 정치를 하게 되자, 영무자는 권력과 요직을 피했다. 이것은 자신을 편안히 하고 가문을 보전하는 지혜이다. 자신을 편안히 하는 지혜는 따를 수 있지만 나라를 위해 목숨을 바치는 우직함은 따를 수 없다. 지금 재주나 지혜, 학식을 감추는 것을 어리석음으로 여긴다면, 정치지도자에게 시대의 어려움을 함께 구제할 사람이 없을 것이다.

〈옹야〉에서 공자가 중궁을 평할 때 "밭을 가는 소의 새끼라도 털색이 붉고 뿔이 나면 사람이 희생으로 쓰지 않아도 산천의 신이 버리겠는가!"라고 한 구절이 있다. 여기에서 '털색이 붉고 뿔이 났다'라고 한 묘사는 소 가운데 질이 낮은 존재임을 가리킨다. 소는 털색이 검푸른 유생駵牲을 귀하게 여기고, 누에고치나 밤 같은 갓 낳은 송아지의 뿔인 견율繭栗을 귀하게 여기며, 소뿔의 길이가 네 치나 한 자 정도밖에 자라지 않은 악척握尺과 같이 희귀한 것을 귀하게 여겨 희생으로 쓴다. 이를테면 붉고 뿔이 난 것은 산천의 신에게 제사를 지낼 때로 돌릴 뿐이다. 중궁의 성품이 어진 것은 염백우보다 못하므로, 폄하하면서도 있는 그대로 말하며 둔 것이다. 그런데 주자의 《집주》에는 "주나라 사람은 붉은 색을 좋아했고 희생도 붉은 털을 지닌 소를 썼다"라고 했다. 또 "소뿔이 두루 방정하게 자라 희생에 적합하다"라고 풀이했다. 내가 볼 때 꼭 그런 것만은 아닌 듯하다.

〈옹야〉의 또 다른 대목에 "공자가 위나라 영공의 첩실인 남자南子를 한 발 빼고 만나자, 자로가 탐탁케 여기지 않았다. 이에 공자가 굳게 다짐하며 말했다. '나에게 잘못이 있다면, 하늘이 미워할 것이다, 하늘이 미워할 것이다'"라는 언급이 있다. 주자는 이에 대해 '남자에게 음일한 행동이 있었고, 공자가 위나라에 이르자 남자가 뵙기를 청했는데, 공자가 사양을 하다가 부득이하게 만나 보았다'라고 풀이했다. 그러나 당시 공자가 남자를 만나본 까닭은 영공의 아들 괴외蒯聵를 불러 어미와 아들의 관계를 온전히 하도록 권하려 하기 위함이었다. 괴외가 태자로 있을 때, 아버지의 첩실인 남자를 죽이려다가 진나라로 도망갔던 일이 있었다. 그러므로 공자는 자로가 오해했듯이, 음탕한 짓을 하려는 것이 아니라 오히려 '내가 그렇게 하지 않으면 하늘이 미워할 것이다'라고 했던 것이다. 당시에는 대부가 한 나라를 방문해 제후의 부인을 만나보는 일이 곤례였다.

〈선진〉에 "공자가 '자로는 저 정도의 실력으로 어찌 우리 문하에서 거문고를 타고 있는가?'라고 말하자, 제자들이 자로를 존경하지 않게 되었다. 그러자 공자가 다시 말했다. '그래도 자로는 그만하면 당堂에는 오를 수 있다. 하지만 아직 실室에 들 만하지는 못하다'"란 말이 나온다. 유명한 '승당입실升堂入室'이 나오는 구절이다. 주자의 《집주》에는 승당입실이 '도에 들어가는 차례를 비유한 것'으로 풀이됐는데, 내 생각은 다르다. 승당升堂은 당산악堂山樂으로 《시경》의 〈대아〉·〈소아〉, 〈주송〉·〈노송〉·〈상송〉 등의 아송雅頌이다. 입실入室은 방중악房中樂으로 《시경》의 〈주남〉·〈소남〉, 이남二南이다. 공자는 자로의 거문고 연주가 아송雅頌은 잘 했으나 이남二南은 잘하지 못 함을 비유로 평한 것이다.

〈양화〉에는 공자가 "높은 경지에 있어 세상의 도리를 아는 사람과 낮은 경지에 있어 어리석은 사람은 서로 바꿀 수 없다"라고 한 대목이 있다. 흔히 말하는 상지上智와 하우下愚에 대한 언급이다. 주자는 《집주》에서 상지와 하우를 사람의 성품이나 기질로 풀이했다. 그러나 나는 그렇게 생각하지 않는다. 상지와 하우는 성품을 이르는 것이 아니다. 착한 일을 지키는 사람은 나쁜 짓을 저지르는 사람과 서로 가까이 지내도 습관이 쉽게 바뀌지 않으므로 상지라고 한 것이고, 나쁜 짓을 저지르면서도 편안히 여기는 사람은 착한 일을 지키는 사람과 서로 가까이 지내도 습관이 바뀌지 않으므로 하우라고 한 것이다. 만약 사람의 본성이 원래 변하지 않는 품격과 등급이 있다고 한다면, 주공이 《서경》〈주서〉 '다방'에서 말한 "성인이라도 생각하지 않으면 미치광이가 되고 미치광이라도 생각한다면 성인이 된다"라는 언급은 사람의 본성을 모르고 한 말이 된다.

〈양화〉의 또 다른 구절에는 "공산불요가 비읍에서 반란을 일으키고 공자를 불렀다. 이에 공자가 가려고 하자 자로가 불쾌해하며 말했다. '가지 마십시오. 하필이면 무도한 공산불요에게 가시려고 하십니까?' 그러자 공자가 말하였다. '나를 부르는 자가 어찌 헛되게 부르겠는가? 그가 나를 등용하려고 한다면 나는 주나라의 도를 동쪽에서 행하려고 한다'"라는 대화가 있다. 여기에 '동주東周'라는 말이 나온다. 주자의 《집주》에는 '동쪽에서 주나라의 도를 일으킨다'라고 했지만 오해의 소지가 있다. 동주는 '동쪽의 노나라'라는 의미를 지닌 은어이다. 공산불요가 계씨를 배반하고 나라를 유지하려 했으므로, 공자가 나라의 도읍을 옮기고 비읍에 웅거해 노나라를 주나라처럼 부흥시키려고 한 것이다.

나는 맹자를 이렇게 읽었다

●

《맹자》는 맹자와 제자들, 그리고 당대 정치지도자들과의 대화를 엮은 것이다. 중심인물은 맹자이다. 맹자는 기원전 372년에 추나라(오늘날 산동성 추현)에서 태어났다. 추나라는 공자가 태어난 노나라의 곡부와 인접해 있다. 맹자는 유학의 본산지에서 출생한 셈이다. 맹자는 공자의 손자인 자사子思에게 배웠다고 한다. 당시 중국은 전란의 도가니 속에서 패권 다툼을 하고 있던 전국시대였다. 그는 전국의 여러 나라를 돌아다니며 자기의 뜻을 펴려고 제후들을 찾아 유세했다. 그러나 제대로 등용되지 못 해 만년에 고향에서 강학을 하다가 생애를 마쳤다.

《맹자》는 그의 언행과 제자들, 당시 영향력 있는 지도자들과의 문답을 기록한 책이다. 맹자가 만년에 지었다는 설도 있지만, 만장·공손추 등 그의 제자들이 편찬한 것으로 본다. 《맹자》는 《한서》〈예문지〉가운데 자부子部의 유가에 배열되었다. 당나라 이후로 점차 존숭되어 남송 때 이르러 주자가 그것을 사서의 경부經部에 삽입시키고 집주를 달자, 《맹자》를 연구하는 사람이 점차 많아지게 되었다. 《맹자》의 편수는 《사기》〈맹순열전〉에서는 7편이라고 했고, 반고의 《한서》〈예문지〉에는 11편이라고 했으나, 현재 전하는 것은 7편이다. 이 7편의 편명은 〈양혜왕〉, 〈공손추〉, 〈등문공〉, 〈이루〉, 〈만장〉, 〈고자〉, 〈진심〉이다.

타고난 덕의 배양, 왕도

맹자는 공자의 사상을 계승해 발전시킨 아성亞聖이다. 그는 공자의 인仁 사상에 의義 사상을 더해 인의仁義를 주장했다. 《맹자》의 내용에서 중국 문화에 가장 큰 영향을 미친 것이 성선설性善說이다.

맹자는 이렇게 말했다. 인간은 본래 착한 마음을 갖고 태어나며, 누구나 인의예지仁義禮智의 마음을 지니고 있다. 남을 불쌍하게 여길 줄 아는 마음은 인仁의 실마리가 되고, 잘못을 부끄러워하고 불의를 미워하는 마음은 의義의 실마리가 되고, 양보할 줄 아는 마음은 예禮의 실마리가 되고, 옳고 그름을 가리는 마음은 지智의 실마리가 된다. 이 네 가지 단초가 되는 마음은 타고나 본래 지니고 있는 것이지만, 그대로 내버려두면 인의예지의 마음이 점점 줄어들어 결국 조무래기가 된다. 그러나 이를 잘 기르고 베풀면 인의예지가 완전한 덕으로 완성되어 결국에는 누구나 성인이 될 수 있다.

《맹자》에 따르면 학문도 본래의 착한 마음을 바로잡는 것이지 다른 게 아니다. 이러한 마음을 가지고 정치를 하면 진정으로 백성을 잘 살게 하는 왕도정치王道政治가 된다. 착한 본성에 따라 정치를 하면 자연스럽게 백성을 위해 부역과 세금을 줄이고 전쟁이 일어나지 않게 하며, 백성을 존중하는 정치를 하게 된다. 이렇게 하지 않는 군주는 왕이라고 할 수 없다. 백성들에게 폭정을 가하는 군주는 결국 백성이 혁명을 일으켜 교체되게 된다. 그것이 '역성혁명'이다.《맹자》에 담겨 있는 문장 하나하나가 강렬하고 기세가 충만하다. 특히 맹자의 언변을 잘 보여주는 날카로운 필치는 후세의 문장에 큰 영향을 미쳤다.

맹자를 다시 해석하다

《맹자》를 읽고, 나는 이전의 해석과 다르게 느낀 부분들을 정돈해《맹자요의》를 지었다. 그 몇 대목을 잠시 밝히고자 한다.

> 전차 만 대를 지닌 만승萬乘의 나라에서 그 임금을 죽이는 자는 반드시 전차 천 대를 지닌 천승千乘의 가문이다. 천승의 나라에서 그 임금을 죽이는 사람은 반드시 전차 백 대를 지닌 백승百乘의 가문이다.

《맹자》〈양혜왕〉상에 나오는 구절이다. 이에 대해 주자는 《집주》에서 만승의 나라는 천자의 나라라고 보고, 천승의 가문은 천자의 공경이나 제후의 나라라고 파악했으며, 백승의 가문은 대부라고 했다.

그러나 내 생각은 다르다. 천자의 신하가 천승을 소유할 수 있다면, 삼공과 육경이 각각 천승을 가질 수 있다. 천자의 나라가 전차 만승을 소유한다면, 아홉 신하가 그 가운데 9천승을 갖고 나머지 천승을 천자가 갖게 된다. 천자가 삼공과 육경의 아홉 신하와 각각 천승을 소유한다면, 10경의 녹봉이 아닌 소재·소사도 이하의 관리들은 또 조그마한 녹봉도 받을 수 없게 된다. 그러므로 여기에서 만승이란 진나라나 제나라와 같은 큰 나라를 말하고, 한, 위, 조나라와 같은 조금 작은 나라가 천승의 가문으로 그 임금을 시해한 것이다. 맹자는 천자의 나라가 아니라 연이나 제나라 같은 대국을 만승의 나라로 여겼다.

또 〈양혜왕〉상에는 이런 내용이 나온다.

맹자가 양나라 양왕을 만나보고 궁궐에서 나와서 사람들에게 "양왕을 멀리서 바라보아도 정치지도자 같지 않고 가까이에서 보아도 두려워할 위엄을 느끼지 못하였다"고 했다. 그가 돌연 '세상은 어디로 정해지겠습니까?'라고 하였다. 이에 '한 곳으로 정해집니다'라고 하니 양왕이 다시 '누가 이를 통일하겠습니까?'라고 물었다. 이에 맹자가 '사람 죽이기를 좋아하지 않는 사람이 통일할 수 있습니다'라고 했다.

이에 대해 주자는 다음과 같이 풀었다. "양왕이 현재 여러 나라가 나뉘어 천하를 다투고 있는데, 어느 곳으로 정해져야 함을 물었다. 이에 맹자는 반드시 한 곳에 합해진 뒤에야 정해진다고 하였다." 이 지점에서 나는 이렇게 생각했다. '사람 죽이기를 좋아하지 않는 사람'에게로 정해진다는 것은, 곧 정치를 하면서 사람을 죽이지 않는 것이다. 이때 사람을 죽이지 않는 정치는 다름아닌 흉년에 백성을 구휼해 생명을 구하는 것과 같은 사안을 말한다. 이는 한 고조나 송 태조처럼 사람들을 무참하게 죽이면서 뭇 나라를 굴복시켜 통일하는 것을 가리킴이 아니다.

〈공손추公孫丑〉 상에는 널리 알려진 '호연지기浩然之氣'가 등장한다. 공손추가 "맹자께서 호연지기를 잘 기른다고 하셨는데, 무엇을 호연지기라고 합니까?"라고 묻자 맹자가 이렇게 대답한다. "말하기 어렵다. 그 기됨이 매우 크고 강하니 정도正道로 길러서 해침이 없다면, 호연지기는 하늘과 땅에 가득 차게 된다. 그 기됨이 의義와 도道에 짝하니 의와 도가 없으면 호연지기는 쪼그라든다. 이 호연지기는 의를 모아서 생겨나는 것이다."

호연지기가 의와 도에 짝한다는 문제에 대해서는 다양한 해석이 있다. '이 기는 의와 도에 짝하니 의와 도가 없으면 기가 쪼그라든다'라고 한 것은, 중국 송시대 당시 여조겸呂祖謙(1137~1181)을 비롯해 율곡 이이 선생의 학설이 상당히 일리가 있다. 예컨대 주자는 '호연지기가 없으면 몸이 쪼그라든다'라고 했다면, 여조겸은 '의와 도가 없으면 기가 쪼그라든다'라고 했다. 이 부분에서 나는 주자가 여조겸의 이론을 부정하는 데 대해 의문이 생긴 것이다.

〈등문공〉 상에 "하나라 때는 50묘를 경작하는 데 공법을 썼고, 은나라 때는 70묘를 경작하는 데 조법을 썼다. 주나라 때는 100묘를 경작하는 데 철법을 썼는데, 실제로 이는 모두 10분의 1에 해당하는 세금을 내는 것이었다"는 구절이 있다. 이에 대해 주자는 《집주》에서 다음과 같이 해설했다. "하나라 때는 한 가정에서 논밭 50묘를 받았고 그 논밭을 받은 가정마다 10분의 1에 해당하는 5묘의 수입을 계산해 조세로 삼았다. 그러다가 은나라 때 처음으로 정전井田 제도를 만들어서 630묘의 땅을 가지고 구획해 아홉 구역으로 만들었으니 한 구역마다 70묘가 되었다. 그 땅의 한가운데는 공동으로 경작하는 공전公田이 되고, 그 둘레는 여덟 가구에 각각 한 구역씩 주었다. 여덟 가구는 모두 힘을 합쳐 공전을 공동으로 경작해 세금으로 내고, 여덟 가구의 논밭에는 조세를 거두지 않았다."

그러나 나는 하나라 때 50묘를 경작하고 은나라 때 70묘를 경작한 데 대해 정전법을 행하기 위해 도랑을 메우고 밭두둑을 헐어, 정전의 형태로 논밭을 고쳐 만든 것이라고 보지 않는다.

〈고자〉 상에 나오는 인간의 본성에 관한 논쟁은 맹자 사상에서 매우 중요한 부분이다. 고자告子가 "본성은 버드나무와 같고, 의義는 나무로 만든 그릇과 같다. 사람의 본성을 가지고 인의仁義를 행함은 버드나무를 가지고 그릇을 만드는 것과 같다"라고 하자, 맹자는 이렇게 말했다. "그대는 버드나무의 성질을 따라서 그릇을 만드는가? 그렇다면 버드나무를 해친 뒤에야 그릇을 만들 수 있을 것이다. 버드나무를 해쳐서 그릇을 만든다면, 사람을 해쳐서 인의를 행한단 말인가? 천하 사람을 몰아서 인의를 해치는 것은 반드시 그대의 말일 것이다."

고자는 "사람의 성품으로 인과 의를 행하는 것"이라고 말했고, 맹자는 "사람을 해치면서 인과 의를 행하는가?"라는 측면을 중시했다. 여기서는 '행하는 것'이 문제 해결의 관건이다. '인을 행하는 것', '의를 행하는 것', 인의에서 중요한 것은 그것을 행한 뒤에 인과 의의 이름이 성립된다는 점이다. 사람의 본성 가운데 본래 인의가 있다고 한다면, 인과 의에 붙은 행한다는 것을 어떻게 해석해야 하는가?

나는 본성이란 '내 마음이 좋아하는 것'이라고 본다. 고자는 "사람의 성품은 인과 의를 행할 수 있다"라고 했다. 하늘로부터 품부받은 것이 천리라고 한다면, 또한 어찌 바로잡는 데 그런 마음이 생긴다고 할 수 있겠는가?

본성이란 기호嗜好이다. 이 기호에는 형체形體의 기호가 있고 영지靈智의 기호가 있다. 둘 모두를 본성이라 한다. 그러므로 《서경》〈주서〉 '소고'에는 '본성을 절제하라'라고 했고, 《예기》〈왕제〉에도 '백성의 본성을 절제케 한다'고 했다. 《맹자》〈진심〉 상에서 맹자가 "사람이 덕의 지혜와 재주의 지혜를 가지는 자는 항상 열병 가운데 있으니, 홀로 임금에게서 소외된 신하와 친족에게서 소외된 서자는 그 마음을 잡음이 편하지 못 하고 위태위태하며, 그 근심을 생각함이 깊다. 때문에 지혜도 발달하여 두루 통한다"라고 했다. 이에 대해 주자는 '사람은 반드시 열병 가운데 살고 있다면 마음을 움직이고 본성을 참아서 그가 능숙하지 못 한 것을 더하여 보태는 것이다'라고 풀이했다. 뿐만 아니라 〈진심〉 하에서 맹자는 "마음을 기르는 일은 욕심을 적게 하는 일보다 좋은 것이 없다. 그 사람됨이 욕심이 적으면 본심을 보존하지 못 한 것이 있다 하더라도 매우 적고, 그 사람됨이 욕심이 많으면 본심을 보존하는 것이 있다 하더라도 매우 적다"라고 했는데, 이에 대해 주자는 '욕심은 입·코·귀·눈과 사지 등 감각기관이 바라는 것과 같다. 이것이 사람에게 없을 수 없지만, 많은 데 절제하지 않으면 그 본심을 잃기 쉽다'라고 풀었다. 이것은 형체의 기호이다. 《중용》에서 말했듯이, 하늘이 부여한 것을 본성이라고 했을 때의 본성과 천도·성선·진성盡性에서 말하는 본성은 영지의 기호이다.

주자가 주석한 《맹자집주》의 여러 곳에서 본연本然의 성性과 관련한 말이 나온다. 본연지성은 본래 불교에서 비롯된 말이다. 유교의 천명지성天命之性과는 서로 얼음과 숯불처럼 상극의 처지에 있으므로, 내가 여기에서 이러쿵저러쿵할 수는 없다.

〈진심〉 상에서 "모든 사물이 모두 나에게 갖추어져 있다. 자신을 반성하여 진실이면 즐거움은 이보다 큼이 없다. 힘써서 서恕로 행하면 인仁을 구함이 이보다 가까움이 없다"라고 했다. '모든 사물의 이치가 나에게 갖추어져 있다'라고 한 것은, '서恕를 힘쓰고 인仁을 구하라'는 일종의 경계이다. 자식의 도리, 부모의 도리, 형·아우·남편·아내·

손님·주인 등 모든 사람의 도리, 경례經禮 300가지와 곡례曲禮 3,000가지가 모두 나에게 갖추어져 있다. 그러니 자신에게 돌이켜 성실하면, 《논어》〈안연〉에서 말한 것처럼 극기복례克己復禮! 자기의 개인적 욕망을 극복하고 사회공동체가 함께 할 수 있는 예의를 회복해 세상 사람이 모두 인仁으로 돌아오는 것이다. 단순하게 '만물은 일체이고 만법萬法은 하나로 돌아간다'라는 뜻이 아니다.

맹자는 본성을 논할 때 우리 몸의 감각기관이 바라는 것을 아울러 언급했다. 즉 리理는 논의하고 기氣는 논하지 않는 식의 오류는 없다. 신新나라를 세웠던 왕망王莽(기원전 45년~기원후 25년)과 후한 때 헌제의 승상이 되어 정권을 전횡했던 조조曹操(155~220)는 기질이 대체로 맑았으나 역사적으로 소인배의 상징으로 남았다. 한 고조 때 개국 공신인 주발周勃과 석분石奮은 기질이 대체로 흐린 사람들이었으나 특유의 공손과 근면함으로 역사적으로 성실한 사람의 대명사가 되었다. 이런 점으로 미루어볼 때, 선악은 얼마나 노력하느냐, 선을 향해 힘써 행하는 데 달려 있지 타고난 기질에 달려 있는 것은 아니다.

나는 중용을 이렇게 읽었다

•

《중용》은 《예기》 49편 가운데 제31편에 수록되어 있었다. 그러나 한나라 때부터 중시되어 따로 책으로 나오게 되었다. 이후 송대에 이르러 정자程子가 이를 존숭하고 주자에 의해 《중용장구》가 지어진 다음 사서의 하나가 되었다. 《중용》은 유학의 심오한 인생철학을 담고 있어 성리학자들 사이에 마음에서 마음으로 전해지며 존숭되었다. 사마천의 《사기》〈공자세가〉와 정현의 《삼례목록》 등을 보면 《중용》은 공자의 손자인 자사가 지었다고 전한다.

《중용》의 명칭과 의미에 대해 정자는 "치우지지 않음을 중中이라 하고, 바뀌지 않음을 용庸이라 한다"라고 했다. 주자는 정자의 논의를 인용해 "치우치지 않고 기대지 않아, 지나침도 미치지 못 함도 없는 일상의 도리"라고 정의했다.

중용의 핵심은 '중中'에 있다. '중'이란 깃발의 모습을 상형한 글자로 중앙, 중심, 적중 등의 뜻이 있다. 그러나 정주학에서 말하는 '중'은 일정한 두 지점 사이의 한 가운데를 가리키는 것이 아니다. 사람과 사람, 또는 사람과 사물 사이에 발생하는 문제에서 누구에게나 가장 알맞은 도리가 바로 중이다.

따라서 이것도 저것도 아닌 무사안일이나 소극적인 처세관을 '중'이라 하면 잘못된 생각이다. 안이한 타협이나 절충은 '중'이 될 수 없다. 이런 행위는 사이비이다. 정자는 중용을 "중은 세상의 바른 도리요, 용은 세상의 정해진 이치"라고 했다. 중용은 올바르지 않는 도리에 대한 저항과 정해진 이치가 아닌 것에 대한 거부의 의미를 지닌다.

'중'은 시간이 바뀌고 사물 간의 차이와 변동에 따라 거기에 알맞은 도리를 말한다. '중'은 평범한 일상 가운데 변통성 있는 타당의 극치이다. 다르게 표현하면 지선至善의 경지이다. '용'은 언제 어디에나 있고 영원불변하다는 뜻이다. 그러므로 중용의 길은 가장 평범하면서도 수준 높은 덕의 수양이 있어야만 올바로 행할 수 있다.

충실한 삶의 실천, 중용

《중용》은 모두 33장으로 되어 있다. 제1장은 인성철학의 요지가 담겨 있고, 2장 이하는 공자의 말이나 고전에 나오는 사례, 또는 시 같은 것을 인용하면서 제1장의 요지를 짜임새 있게 해명하고 있다.

중용의 삶을 고민하면서 인생을 고려할 때, 인생은 크게 세 시기로 구분할 수 있다. 첫 번째가 어리고 젊은 시기, 두 번째는 어른다운 중장년기, 마지막 단계가 황혼 무렵의 노년기이다. 인간의 삶에서 몸과 마음을 보존하는 일은 일차적인 임무이다. 그런데 인간의 일상에서 생명은 물리적 한계를 안고 있게 마련이다. 이 가운데 혈기는 인간의 몸에 의지한다. 따라서 젊었을 때는 불안한 상태를 보이고, 장년이 되면 어느 정도 안정된다. 그리고 인간은 나이가 듦에 따라 저절로 쇠약해진다. 인간은 생명력을 잘 보존하기 위해 청소년 시기에는 여색을, 장년 시기에는 다툼을, 노년기에는 재물에 대한 욕망을 조절해야한다. 여색이나 다툼, 재물에 대한 욕망은 인간의 의지와 수양에 따라 달라진다. 중요한 것은 스스로의 의지이다.

인간의 삶을 끊임없이 고민했던 선인들은 인간의 언어와 사유, 행위의 측면을 고민하면서 어느 한쪽으로 치우치는 것을 우려했다. 배우기만 하고 생각하지 않으면 얻음이 없고, 생각하기만 하고 배우지 않으면 위태롭다. 배움과 생각은 늘 서로를 추동시켜 상승작용을 일으켜야 한다. 그래야 자기발전이 있다.

그래서 배움(學)과 생각(思)은 상호 협조와 제약의 긴장 관계를 지닌 삶의 방법이다. 학은 학습이고, 사는 추리하고 사색함으로써 학습에 의해 얻어진 것을 재구성하고 경험이나 서적, 스승에게서도 얻을 수 없는 것들을 주체적 입장에서 독창적으로 만들어내는 일이다. 그러므로 학은 주로 외부로부터 깨닫거나 획득된다면, 사는 내부로부터 얻어지는 것으로 이해할 수 있다. 이러한 학과 사의 방법이 사람의 완성이나 인간됨의 기초로 연결된다.

그것의 구체적 실천 방안이 《중용》의 박학博學, 심문審問, 신사愼思, 명변明辯, 독행篤行이다. 즉 광범위하게 배우고, 자세하게 물으며, 깊이 생각하고, 분명하게 분별하며, 최선을 다해 실천하는 작업이다.

'학문學問'이란 널리 배우고 자세하게 묻는 박학博學의 학과 심문審問의 문을 따서 만든 개념이다. 삶의 공부에서는 실제로 배우고 묻는 것이 가장 중요하다. 배우고 물을 줄 모르는 사람은 제대로 살아가는 공부를 할 줄 모르는 사람이다. 마치 모든 것을 알고 있는 것처럼 팔짱끼고 앉아 다만 만사를 관조하는 삶은 결코 건전하지 않다. 그리고 사변思辨이라는 말도 많이 쓰는데, 그것은 신사愼思의 사와 명변明辯의 변을 합친 용어이다. 이 학문과 사변은 삶에서 착한 것이 무엇인지 선택하는 지식의 문제와 연결된다. 그리고 마지막의 독행篤行은 그것을 굳게 잡아 실천하는 행위의 문제이다. 요약하면 지식과 그것을 실천하는 문제이다. 이것은 궁극적으로 인간의 삶을 풍부하게 하고 사람의 격을 기르는 방법이다.

이때 중요한 점은 성실함[誠]을 추구하는 방법이 타인에 대한 배려와 때[상황]에 있다는 것이다. 나의 삶과 인격이 이미 이루어졌다면 동시에 타인에게도 영향을 미쳐 타인의 삶과 인격도 완성할 수 있다. 그것이 지식을 발판으로 하는 지혜의 소산이다. 나를 이루고 남을 이루었으니 안과 밖, 개인적·사회적 도의가 합쳐진 것이다.

인간이 삶의 성숙, 인격의 구현이라는 길을 걸어가는 방법의 핵심은 자기 충실과 믿음에 있다. 성실하지 않다면 상대방이 믿어주지 않고, 스스로 어디로 가야 할지 알지 못하게 된다. 일상에서 지나친지 미치지 못 하는지, 스스로 잘못을 깨달아 고쳐나가는 데 삶의 교육, 인격 충만의 길이 있다. 그것이 중용을 실천하는 삶이다.

중용을 다시 해석하다

나는 중용에 대해 관심이 많았다. 임금께서 중용에 대해 물어보셨을 때, 심각하게 고증하며 대답할 거리를 찾아 적었다. 그 결과 《중용강의》와 《중용자잠》의 저술을 마칠 수 있었다.

엄밀하게 말하면 《중용》에서 중용의 의미는 주자의 《중용장구》에서 말하는 형이상학적인 의미보다는 실제적인 듯하다. 《중용장구》에서는 중을 "편벽되거나 치우치지 않고 또 지나치거나 모자람이 없다"는 뜻으로 본다. 그리고 용은 "시간적·공간적으로 변하지 않으면서 언제나 고르게 있는 것"이라고 파악한다. 또는 정자의 말을 인용해 "치우치지 않음이 중이고 변하지 않음이 용이다. 중은 세상의 바른 도리이고 용은 세상의 영원히 변하지 않는 일정한 도리이다"라고 풀이한다.

나는 중용中庸이나 중화中和의 의미는 역사적 사실과 실제에서 찾을 필요가 있다고 본다. 예를 들어 《서경》〈우서〉 '순전'에서 순임금이 맏아들을 가르칠 때, 그 주요 내용으로 '곧되 온화하며, 너그럽되 씩씩하며, 강하되 포악하지 말며, 간소하되 거만하지 말라'고 한 사례와, 《주례》〈대사악〉에서 나라의 왕자를 가르칠 때 일에 맞춰 부드럽게 서로 응하고 존중하며 쓰게 한 것이 옛 사람들이 남긴 모범적 사례이다. 또한 《서경》〈우서〉 '고요모'에서 요임금 때의 법관인 고요가 우임금에게 '너그러우면서 위엄 있고, 부드러우면서도 꿋꿋하고, 성실하면서도 공손하고, 다스리면서도 공경하고, 온순하면서도 굳세고, 곧으면서도 온화하고, 간소하면서도 청렴하고, 강하면서도 착실하고, 날렵하면서도 의로운 것', 이 아홉 가지 덕으로 사람을 등용한 것과 《서경》〈주서〉 '입정'에서 주공이 '아홉 가지 덕의 행실을 충실히 행할 줄 알았다'라고 한 것이 옛 사람들이 남긴 모범사례이다. 아울러 《서경》〈주서〉 '홍범'에 '높고 밝은 사람은 부드러움으로 다스리고, 깊고 신중한 사람은 굳셈으로 다스린다'는 것은 모두 알맞게 서로 호응하는 중화의 뜻이다. 그리고 《서경》〈우서〉 '대우모'의 '진실로 그 가운데를 잡으라!'라고 한 구절은 오히려 중화의 큰 졸가리를 말한 것이다.

용庸은 영원히 지속적으로 끊어지지 않는 덕이다. 《중용》 제1장에서 '도는 잠시도 떠날 수 없다', 제3장의 '도리를 바르게 알고 행할 수 있는 사람들이 거의 없어진 지 오래되었다', 제7장의 '중용의 도를 택하여 한 달을 지켜내지 못 한다', 제10장의 '나라에 도가 행해져도 궁색했던 때의 마음가짐을 변치 않고, 나라에 도가 행해지지 않을 때도 죽어도 지조를 변치 않는다', 제11장의 '군자가 도에 좇아 행하다가 중도에서 그만두고 말기도 하는데, 하다가 중도에 그만둘 수는 없다', 제13장의 '중용의 덕에 맞게 행하고 중용의 도에 맞게 말을 삼간다', 제26장의 '지극한 정성은 그침이 없다. 그치지 않으면 영구하다', 그리고 이어서 '문왕의 순수한 덕 또한 끝이 없다'라고 노래한 것이 바로 용에 해당한다.

《논어》〈옹야〉에서 '안회는 그 마음이 석 달을 두고 인仁을 어기지 않았고 그 나머지 사람들은 겨우 하루, 아니면 한 달 정도 인에 머물 뿐이다'라고 한 것도 용이다. 《서경》〈주서〉 '다방'의 '제대로 종일토록 하늘이 열어 줌을 힘쓰지 아니한다'라고 한 언급 또한 용이다.

《서경》 '고요모'에서는 아홉 가지 덕의 조목을 이야기하며 '그것이 늘 그렇게 빛나도록 하소서!'라고 끝맺었고, '입정'에서는 아홉 가지 덕을 경계하면서 거듭 말하기를, '오직 늘 그러한 덕으로 실천하라!'라고 했다. 또한 《역경》 '항괘'에서는 '가운데에서 오래 할 수 있다'라고 했다. 이런 사례가 모두 중용의 뜻을 잘 일러준다. 나는 중中을 하되 용庸을 할 수 있는 이야말로 진정한 성인이라고 생각한다.

《중용》제1장에는 "군자는 보지 못 하는 곳에서 경계하고 듣지 못
하는 것에서 두려워한다. 숨겨진 것보다 잘 드러나는 것은 없고, 미세
한 것보다 크게 드러나는 것은 없다. 그러므로 군자는 홀로 있을 때를
삼간다. 기쁨과 성냄, 슬픔과 즐거움 등 희로애락喜怒哀樂이 펼쳐지지
않은 것을 중中이라고 하고, 그것이 펼쳐져 모두 제대로 잘 들어맞는
것을 화和라고 한다"는 구절이 나온다.

'보지 못 한다'는 것은 다름 아닌 내가 보지 못 하는 것이고, '듣지
못 한다'는 것은 다름 아닌 내가 듣지 못 하는 것이니, 곧 하늘의 일이
다. 숨겨진 것은 하늘의 몸통이고 미세한 것은 하늘의 자취이다. 숨겨
져 있으면서 잘 드러나지 않지만 그것보다 잘 드러나는 곳은 없고, 미
세하지만 미세한 일보다 더 뚜렷해지는 일이 없으므로, 군자는 두려
워하고 삼간다. 소인배나 하늘이 아는 것이 없다고 생각하며 제멋대
로 거리낌 없이 행동하는 것이다. '희로애락이 펼쳐지지 않았다'라는
말은 평소 거처할 때 본래 그러한 상황이지, 마음에서 느끼고 깨닫지
않거나 생각이 발하지 않은 것까지 말하는 것은 아니다.

《중용》제7장에서 공자가 "사람들은 저마다 '나는 지혜롭다'라고 말
한다. 그러나 저마다 그물이나 덫이나 함정 속으로 빠져 들어간다. 그
러면서도 그와 같은 화를 피할 줄 모른다"라고 했다. 이때 '그물이나
덫, 함정'은 관리들이나 지배계급에게서 받는 형벌과 같은 화가 아니
다. 저 스스로 자초한 것이다.

《중용》제11장에서는 공자가 "어떤 사람은 드러나지 않은 숨겨진

도리를 찾아서 말하고 괴이한 짓을 행하기도 한다. 그런 짓들은 특이한 사안이라 후세에 기록될 수도 있겠지만, 나는 그런 괴이한 말이나 괴상한 일을 하지 않는다"라고 했다. 여기에서 '숨겨진 도리를 찾아서 말한다'는 것에 대해 주자는 '깊이 숨어 있는 생각이나 사상을 들춰내는 것'으로 본다. 그러나 나는 그것을 까닭 없이 세상을 피해 숨어 사는, 일종의 은거하는 삶으로 이해했다. 그렇다고 이것이 백이伯夷나 이백李白처럼 역사적으로 큰 변고를 만나, 자신의 의지에 의해 은둔한 사람을 두고 한 말은 아니다. 그것과는 차원이 다르다.

《중용》 제13장에는 《시경》을 인용한 말이 나온다. "'도끼자루를 만들려고 나무를 벤다네. 도끼자루의 기준은 멀리 있지 않다네. 손에 도끼자루를 잡고 도끼자루 만들 나무를 베고 있네. 곁눈질해보면서 도끼자루의 표본이 무엇인지 아직도 헤매고 있네.' 군자는 사람이 해야 하는 도리로 사람을 다스린다. 그리고 사람다운 사람으로 고쳐지면 그친다."

여기에서 마지막 구절, 즉 '사람다운 사람으로 고쳐지면 그친다'라는 말은 도끼자루를 가지고 새로 마련할 도끼자루를 보되 그것이 길면 고치고, 짧으면 고치고, 크면 고치고, 작으면 고쳐서, 예전의 도끼자루와 같아진 뒤에 그만두는 것이다. 사람이 사람을 배려하고 헤아리는 마음도 또한 이와 같다. 그러므로 이는 사람으로서 어떻게 허물을 고쳐가야 하는지를 두고 이른 말이 아니다. 허물을 고쳐가는 것은 자신에게 달린 일이 아닌가!

주자의 《중용장구》 서문에서 도심道心·인심人心, 유일唯一·유정唯精 등이 언급되고 있는데, 도심이나 인심은 《순자》〈해폐〉에서 '인심은 위태롭고 도심은 은미하다'라는 데서 나왔고, 유일이나 유정의 '일一'이나 '정精'은 《도덕경》에서 나온 말이다. 그러므로 뜻이 서로 연결될 수 없다. 다시 말하면, 도道와 인人의 사이에 그 중中을 잡을 수 없다. 전일하고 나서 정밀한 것이기 때문에, 양쪽을 잡아서 쓸 수 있는 것이 아니다.

나는 대학을 이렇게 읽었다

●

《대학》은 《논어》, 《맹자》, 《중용》과 함께 사서四書로 불린다. 《대학》은 본래 《예기》 49편의 하나였다. 송대에 이르러 사마광司馬光(1019~1086)이 《대학광의》를 저술했고, 정자를 거쳐 주자에 이르러 사서로 정립되면서 유학의 기본 전적으로 새로운 지위를 굳히게 되었다.

《대학》의 저자에 대해서는 여러 이야기가 있다. 주자는 《대학》을 경經 1개 장과 전傳 10개 장으로 나눈 다음 경은 공자의 말을 그의 제자인 증자가, 전은 증자의 말을 그 문인이 기록한 것이라고 보았다.

《대학》의 명칭에 대해서는 두 가지 설이 있다. 하나는 교육기관으로 본 것이고, 다른 하나는 교육의 대상 측면에서 본 것이다. 교육기관으로 보는 경우 당신들의 대학과 같이 국가의 최고 교육기관으로 삼강

령 팔조목을 익히는 것이고, 교육의 대상으로 보자면 어른이 되기 위한 학문, 어른에게 필요한 학문으로 '대인지학大人之學'이다.

《대학》은 유학의 경전 가운데 가장 체계가 잘 갖춰졌다. 유학의 학문을 3강령과 8조목으로 정리해 유학의 기본 구조를 밝히고 있다. 3강령이란 명명덕明明德, 친민親(또는 신新)民, 지어지선止於至善이다. 8조목은 격물格物, 치지致知, 성의誠意, 정심正心, 수신修身, 제가齊家, 치국治國, 평천하平天下이다.

유학의 기본 윤리는 개인에서 출발해 가문, 국가 사회로 확충되는 특징을 지닌다. 즉 부모에게 효도하고, 자식을 사랑하며, 형제간에 우애를 지키고, 나아가 국가 사회의 올바른 인간관계를 윤리적 조화로 만들어낸다는 것이다. 이는 모든 사람 각자의 인격 수양을 바탕으로 삼기 때문에, 수신이 가장 중요하다. 수신은 격물에서 치지, 성의, 정심에서 이뤄지고, 그 수신을 근거로 제가, 치국, 평천하의 단계적인 공부 과정이 제시된다. 이것이 이른바 수기치인修己治人의 길이다.

사람답게 산다는 것, 대학

주자는 《대학장구》를 통해 《대학》이 학문의 과정에서 중요한 까닭을 다음과 같이 자세하게 밝혔다.

《대학》은 옛날 태학에서 사람을 가르치던 양식이다. 모든 사람은 태어날 때 하늘로부터 부여받은 인의예지仁義禮智의 본성을 지니고 있다. 그러나 기질氣質을 타고난 것이 사람마다 동일할 수는 없다. 그러하기에 모든 사람이 그 본성이 있는 것을 제대로 알아서 완전하게 할 수 있는 것은 아니었다. 한 사람이라도 총명하고 지혜가 있어, 그 본성을 그대로 발휘할 수 있는 사람이 그 가운데서 나오면 하늘이 반드시 그에게 명령해 백성들의 임금과 스승이 되게 했다. 그리고 그에게 백성을 다스리고 가르치게 해 그 본성을 회복하게 했다. 이것이 바로 복희·신농·황제와 요순임금이 하늘의 명령을 이어받아 백성들이 살아가는 법도를 세웠으며, 사도의 직책과 전악의 관직을 설치하게 된 까닭이다.

하―은―주 삼대가 융성할 때 나라의 법도가 점차로 갖춰졌다. 그런 뒤에 임금의 궁궐과 도읍으로부터 시골 거리에 이르기까지 모든 곳에 학교가 있었다. 사람이 나서 여덟 살이 되면 왕공으로부터 서민의 자제에 이르기까지 모두 소학에 들어가게 해 물 뿌려 쓸고, 응낙하고 대답하며, 나아가고 물러가는 절차와 예의와 풍류, 활쏘기와 말 부리기, 글씨와 수학 등을 가르쳤다. 열다섯 살이 되면 천자의 맏아들과 여러 아들로부터 공·경·대부와 원사의 적자와 서민의 준수한 자제에 이르기까지 모두 태학에 들어가게 해, 이치를 연구하고 마음을 바르게 하며 몸을 수양하고 사람을 다스리는 도리를 가르쳤다. 이것으로 학교 교육에서 태학과 소학의 절차가 구분되었다.

학교의 설치에서 그 넓은 것이 이러했고 가르치는 방법에서도 순서와 조목의 자세함이 이와 같았는데, 교육의 내용에서는 임금이 몸소 실천하고 자기 마음에 체득한 것을 근본으로 삼았다. 그리하여 백성들이 일상적으로 쓰는 윤리 도덕 이외에 다른 것을 기대하지 않았다. 때문에 그 당시 사람들은 윤리 도덕을 배우지 않은 이가 없었다. 배우는 사람들도 자기의 본성과 자신의 직분에서 마땅히 해야 할 일을 알아서 각자가 능력을 모두 발휘하도록 노력하지 않은 이가 없었다. 이것은 옛날 융성한 시대에 위로는 다스림이 훌륭했고 아래로는 풍속이 아름다워, 후세가 미칠 수 없는 부분이다.

주나라가 쇠하자 성스럽고 어진 임금이 나오지 않았고 학교가 제대로 운영되지 못 해 교화가 침체되고 풍속이 무너졌다. 이때 공자 같은 성인이 있었지만, 임금이나 스승의 지위를 얻지 못 해 정치와 교육을 시행하지 못 했다. 이에 홀로 선왕의 법을 취해 외워 전함으로써 후세에 알렸다. 〈곡례〉, 〈소의〉, 〈내칙〉, 〈제자직〉과 같은 여러 편은 소학의 지류이자 말류이다. 이 책은 《소학》이 이룬 공을 바탕으로 《대학》의 밝은 법을 나타냈으니 밖으로는 그 규모가 지극히 크고 안으로는 그 절목의 자세함을 다했다. 삼천 명의 문도가 그 말씀을 듣지 않은 이가 없었지만, 증자의 전함만이 오로지 그 정통을 얻었다. 이에 증자가 전의 뜻을 짓고 그 뜻을 펼쳤다. 그러나 맹자가 죽은 후 그 전승이 끊어졌으니, 책이 남아 있기는 하지만 뜻을 아는 자가 드물었다.

이때부터 세속의 유학자들은 사장을 외우고 읽는 학습을 했다. 허나 그 공은 《소학》보다 배가 되었으나 아무런 쓸모가 없었다. 노자나 불교의 허무와 적멸의 가르침은 그 높음이 《대학》보다 더했으나 실제적인 내용이 없었다. 기타 권모술수로 일체의 공명을 이루려는 언설과 여러 갈래의 부류들이 세상을 어지럽히며 백성을 속여 인의를 가로막고, 또 그 사이에 어지럽게 섞여 나와 불행하게도 지도자에게 그 큰 길의 요체를 듣지 못 하게 했으며 백성에게 훌륭한 다스림의 혜택을 입지 못 하게 했다. 세상이 어둡고 막히어 고질적인 병폐가 반복해 나타났고, 오대의 쇠퇴기에는 무너지고 어지러움이 극도에 달했다.

하늘의 운수가 순환해 가서 돌아오지 않는 것이 없다. 송나라의 덕이 융성해지자 정치와 교육이 아름답고도 밝았다. 이에 하남 정씨 두 선생이 나타나서 맹자의 도통을 계승하게 되어 진실로 이 책(대학)을 존숭하고 신뢰해 드러내었다. 또 책의 차례를 정하고 요지를 밝혔다. 그런 후에 옛날 태학에서 사람을 가르치는 법과 성인의 경문經文과 현인의 전문傳文의 뜻이 찬란하게 다시 세상에 밝혀지게 되었다.

비록 나 주희는 불민하지만 다행히도 사숙해 이에 관해 들은 바가 있었다. 그러나 돌아보건대 그 책이 상당히 잘못된 부분이 있는 것 같아 나의 고루함도 잊고 구절들을 찾아내어 모았다. 그 사이에 사사로이 나의 의견을 붙여 빠지고 간략한 부분을 보충하고 후세의 군자를 기다리고자 한다. 지극히 분수에 넘치는 짓을 한 죄를 피할 길이 없음을 잘 알고 있지만, 국가가 백성을 교화하고 좋은 풍속을 이룩하려는 의도와 배우는 자가 자기 몸을 닦고 사람을 다스리는 방법에서 반드시 다소의 도움이 없지는 않을 것이다.

대학을 다시 해석하다

나는 《대학공의》와 《대학강의》에서 《대학》에 대한 나의 생각을 풀어 보았다.

주자는 《대학장구》에서 대학을 대인의 학문이라고 해, 큰 사람이 되게 하는 학문으로 보았다. 대학에서 말하는 대학은 태학太學이다. 태학은 왕의 맏아들과 왕자들이 다니던 학교다. 왕의 장자는 나라의 차기 지도자들로서 아랫사람을 대하고 백성을 다스리는 책임이 있다. 그러므로 대학에서는 나라를 다스리는 치국治國과 평천하平天下의 방책을 가르쳐야 했다. 태학은 서민庶民의 자제들이 참여할 수 있는 곳이 아니다. 주자가 《대학장구》〈서문〉에서 "15세가 되면 천자의 맏아들과 여러 왕자들, 공경대부, 원사의 맏아들과 서민의 자제 가운데서 준수한 자들이 모두 대학에 들어가서 배운다"라고 했는데, 내가 볼 때 이는 문제가 있는 듯하다.

주자는 《대학장구》〈경문〉에서 명덕明德을 "사람이 하늘로부터 받아서 지니고 있는 덕성으로, 그 형체나 모양이 텅 비어 있으나 그 작용은 영특해 어둡게 되는 법이 없는 것"으로 봤다. 또한 "세상의 모든 도리가 갖춰져 있어 모든 일에 호응한다"라고 풀이했다. 그러나 나는 그와 다르게 생각한다. 명덕은 기본적으로 자식이 부모에게 효도하고, 형제자매 사이에 우애하며, 부모가 자식을 사랑하는 일인 효孝와 제弟와 자慈이다. 사람이 살아가는 일상의 도리를 실천하는 실제적 일이지, 사람의 영명함이 아니다.

8조목의 풀이에서도 의견을 달리하는 차원이 있다. 주자는 격물格物을 '사물에 도달하는 일'로 보았다. 허나 나는 격물을 근본적인 것과 말단적인 것이 있는, 사물의 이치를 구명하는 일이라고 본다. 치지致知의 문제도 마찬가지이다. 주자는 치지를 '앎에 이른다'라고 했지만, 그것은 먼저 하고 나중에 할 것을 아는, 앎을 투철히 하는 작업이다. 성의誠意 또한 주자는 '성은 참되고 알차다는 뜻이고 의는 마음이 나타난 것이다'라고 보았으나 나는 사물의 마침과 비롯함으로 이해한다. 그래야만이 8조목의 과정에서 뜻을 성실하게 하는 성의가 격물치지 다음에 나아가, 그 위에 있는 근거가 될 수 있다.

정심正心은 '마음을 바르게 하다'로 풀이되지만, 실제로는 몸을 닦는 일이다. 주자의 《대학장구》 전7장에 보면, '이른바 몸을 닦는 일은 마음을 바르게 함에 있다. 몸에 성내고 화내는 것이 있으면 마음을 바르게 지닐 수 없다'라고 했다. 이 구절을 풀이하면서 정자와 주자는 몸〔身〕을 마음〔心〕으로 고쳐서 이해해야 한다고 했다. 그러나 나는 그러한 풀이에 동의할 수 없다. '몸에 성내고 화나는 일이 있다'라는 글에서 '몸'이라는 표현을 '마음'으로 고칠 수 없다.

《대학장구》 전10장에 이런 말이 있다. "윗사람이 늙은이를 늙은이로 대접하면 백성들에게 효도하는 기풍이 일어나고, 어른을 어른으로 대접하면 백성들에게 공경하는 기풍이 일어나고, 고아를 불쌍히 여겨 구휼하면 백성들이 배반하지 않는다." 여기에서 주자는 '자기 집안의 늙은이나 어른을 섬기는 일'로 보았다. 하지만 나는 다르게 본다. '늙은이를 늙은이로 대접한다'는 것은 태학에서 천자가 늙은이를 봉양하는 것이고, '어른을 어른으로 대접한다'는 것은 태학에서 세자가 어른에게 공경하는 것이며, '고아들을 불쌍히 여겨 구휼한다'는 것은 태학에서 고아들을 위해 잔치를 베풀어주는 것이다.

《대학》의 마지막 구절은 이러하다.

나라의 지도자가 되어 백성의 재물을 거둬들이고 낭비하는 일에 힘 쓰는 근본 원인은 반드시 소인배에게서 발생한다. 지도자가 그를 착하다고 생각하고 소인배에게 나라를 다스리게 하면 여러 가지 폐해가 함께 나타날 것이다. 그렇게 망가진 다음에 착한 사람이 나타나도 어찌할 수 없게 된다. 이를 가리켜 '나라는 물질적 이득을 이익으로 여기지 않고, 의리를 이익으로 여긴다'라고 말하는 것이다.

백성은 욕심으로 가득 찬 존재로 태어나 재물을 추구한다. 거기에서 '부유하다', '귀하다'라는 말이 생긴다. 군자는 조정에 있으면서 귀하게 되기를 소망하고, 소인은 초야에 있으면서 부유하게 되기를 바란다. 그러므로 사람을 쓸 때에 공정하지 않아 현명한 사람을 현명하게 여기지 않으며, 부모를 부모로 모시지 않으면 훌륭한 사람들은 떠나가게 된다. 재물이나 세금을 거두어들일 때 절도 없이 시행해 백성의 즐거움을 즐거움으로 여기지 않고 백성의 이익을 이익으로 여기지 않으면 소인이 배반하는 동시에 나라도 따라서 망한다. 그러므로 《대학》

의 끝에 덕망과 재물, 이익과 의리에 대한 말을 거듭 되풀이해 경계한 것이다.

《대학》에서는 선왕의 훌륭한 정치에 관한 사례들을 많이 소개하면서 이를 배울 것을 권장하고 있다. 여기에서 나는 왜 선왕의 도를 배워야 하는지, 그것이 《대학》에서 왜 강조되는지, 그 까닭에 대해 다음과 같이 생각했다.

마음이 텅 비어 있으면서도 영특한 것은 하늘에서 받은 것이다. 따라서 감히 '본래 그러하다'라거나 '비롯함이 없다'라거나 '순수하게 착한 것이다'라고 하지 못 한다. 마음이라는 기관은 생각하는 일을 근본으로 한다. 따라서 펼쳐지지 않은, 그 이전의 기상을 돌이켜 보는 것은 마음을 다스리는 것이 아니다. 선할 수도 있고 악할 수도 있는 것은 사람의 재질이고, 선해지기는 어렵고 악해지기는 쉬운 것은 형세이며, 선을 즐기고 악을 부끄럽게 여기는 것은 본성이다. 이 본성을 따라서 어김이 없으면 도를 향해 갈 수 있다. 따라서 '본성이 선하다'라고 한 것이다.

공감하고 배려하는 것, 인의 실천

《대학》에서는 사람을 사랑하는 열린 마음씨인 인仁에 대해서도 많이 언급된다. 인仁을 글자 그대로 보면 두 사람(亻+二) 사이의 관계이다. 따라서 자식이 부모를 효도로 섬기는 것이 인이고, 아우가 형을 공손으로 섬기는 것이 인이고, 신하가 임금을 충성으로 섬기는 것이 인이고,

벗과 벗을 신의로 사귀는 것이 인이고, 임금이 백성을 내리사랑으로 다스리는 것이 인이다. 그렇다고 사물과 사물 사이의 자연적인 문제, 예컨대 동쪽에서 사물을 낳는 이치와 천지자연의 공평한 마음을 인이라고 해석할 수는 없다.

사람 사이에 다른 사람을 이해하고 배려하는 서恕를 힘써 행하는 것이 인을 구하는 가장 가까운 길이다. 그러므로 공자의 문하에서 증자가 도를 배울 때는 한 가지로 꿰뚫었고, 자공이 도를 물을 때는 한 가지로 말했다. 경례 300가지와 곡례 3,000가지는 모두 서恕로 일관되어 있다.

인을 실천하는 일은 자기 자신에게서 비롯된다. 《논어》〈안연〉에서 말했던 극기복례, 스스로의 사사로운 욕심을 버리고 다른 사람과 더불어 행하는 예를 회복하는 작업, 이것이 공자 이후, 유학이 지향하는 바른 뜻이다.

성誠은 서恕를 성실히 행하는 작업이고, 경敬은 예를 회복하는 일이다. 이렇게 볼 때, 인을 실천하는 것은 성과 경이다. 두려워하고 삼가함으로써 있는 그대로의 하늘을 투명하고 제대로 섬기라! 그래야만 인을 실천할 수 있다. 반면에 형이상학적인 태극太極만을 헛되이 높여 리理를 하늘로 삼으면, 인간 세상의 핵심인 인을 실천할 수도 없고 하늘을 섬기는 데 매몰되고 말 것이다.

정약용의 초상들. 작자 미상의 다산 초상*, 초의선사가 그린 다산 초상**, 장우성 화백이 그린 표준 영정***, 김호석 한국전통문화학교 교수가 그린 새 영정****

나는 이렇게 써왔다

●

나는 처음에 《주역》을 익히고 《예기》를 연구하며, 여러 경서를 두루 섭렵하며 탐구했다. 한 가지를 깨달을 때마다 마치 신명神明이 말 없이 깨우쳐줌이 있는 것과 같아, 남에게 알릴 수 없는 것이 상당히 많았다.

당시 나의 형 약전도 흑산도에서 귀양살이를 하고 있었다. 나는 경서를 읽고 난 다음 책을 하나씩 저술할 때마다 형에게 보냈다. 그러자 형은 그것을 보고 다음과 같이 말해줬다.

네가 이런 경지에 이르게 된 것은 너도 스스로 알지 못할 것이다. 아, 유학의 길이 천 년 동안 없어져서 온갖 장애물에 가려져 있으니, 헤쳐내고 끊어내어 그 가려진 것을 환하게 하는 것이 어찌 네가 할 수 있는 일이랴! 《시경》 〈판장〉에서 "하늘이 백성을 깨우침이 훈塤과 지篪가 어울리듯 하네"라고 했으니, 인간의 본성이 자신이 즐기고 좋아하는 기호嗜好에 달려 있음을 알겠고, 인仁이 효제孝弟임을 알겠고, 서恕가 인仁의 방도임을 알겠고, 하늘이 내려와 살핀다는 것을 알겠다. 경계하고 공경하여 부지런히 힘쓰고 힘써서 몸이 늙어지는 것도 모르는 것이, 하늘이 나의 동생 약용에게 내려준 복이 아니겠는가?

나에게는 직접 지은 시율詩律 18권이 있다. 편집하고 정돈하면 6권은 될 수 있을 것이다. 잡문雜文으로 전편前編이 36권이고 후편後編이 24

권이며, 그밖에 잡찬雜纂이 있는데 범주와 내용이 제각기 다르다.

《경세유표經世遺表》가 48권이니 편찬을 마치지 못 했고, 《목민심서牧民心書》가 48권이고 《흠흠신서欽欽新書》가 30권이다. 《아방비어고我邦備禦考》는 30권인데 아직 완성하지 못 했고, 《아방강역고我邦疆域考》 10권, 《전례고典禮考》 2권, 《대동수경大東水經》 2권, 《소학주관小學珠串》 3권, 《아언각비雅言覺非》 3권, 《마과회통麻科會通》 12권, 《의령醫零》 1권이다. 이것을 통틀어 나의 문집文集이라 볼 수 있다. 모두 260여 권이다.

보다 나은 나라를 위한 실천, 경세유표

●

경세經世란 무엇인가? 경세란 국가 경영에 관한 전반적인 제도를 시대에 구애받지 않고, 기준을 세우고, 대강의 줄거리를 만들어, 오래된 우리나라를 새롭게 건설할 것을 생각하는 것이다. 국가의 행정조직이나 권한에 대한 법규인 관제官制, 전국을 군으로 나누고 이를 다시 현으로 나눠 조정에서 지방관을 보내 직접 다스리는 군현제도에 관한 군현지제郡縣之制, 논과 밭 등 농토 운영에 관한 전제田制, 나라에서 공익을 위해 보수 없이 백성들에게 의무적으로 책임을 지우는 노역에 관한 부역賦役, 시장 개설과 물품 교역에 관한 공시貢市, 창고의 사용과 곡식 저장 등에 관한 창저倉儲, 군대 및 병법 등에 관한 군제軍制, 인재 등용과 과거 시험에 관한 과제科制, 바다 생산물의 세금 문제에 관한 해

세海稅, 장사나 무역에 관한 세제인 상세商稅, 나라에서 필요한 말을 번식시키고 조달하는 정책 전반에 관한 마정馬政, 배를 만들고 운용하는 일에 관한 선법船法, 도성을 경영하는 일에 관한 영국지제營國之制 등이 있다. 미완성작이지만 그래도 참고삼아 다음과 같이 내용의 대강을 정리해 본다.

《경세유표》는 먼저 개혁의 대강과 원리를 제시한 뒤 기존 제도의 모순, 실제 사례, 개혁의 필요성 등을 서술했다.

제1책(권1~3)과 제2책(권4~6)은 〈천관이조天官吏曹〉·〈지관호조地官戶曹〉·〈춘관예조春官禮曹〉·〈하관병조夏官兵曹〉·〈추관형조秋官刑曹〉·〈동관공조冬官工曹〉 등 육조와 그 소속 관서의 구성 및 담당 업무를 서술해 각 조에서 관장할 사회·경제 개혁의 기본 원리를 제시하고 있다.

이조는 궁부일체宮府一體의 원리에 입각해 왕실 관련 업무를 대폭 담당하도록 했다. 궁부일체는 왕실의 재정을 정부의 일반 재정과 함께 운영해 국가의 재정을 자의적으로 지출하거나 남용하지 못 하도록 방지하기 위해 마련한 장치이다. 호조는 재정 담당 기능과 더불어 토지제도의 개혁을 주관하고 백성에 대한 교육 기능을 갖도록 했다. 예조는 제례를 담당하는 기능을 강화하도록 했다. 병조는 중앙 군영을 직접 통할해 실질적인 군사 담당 기구가 되도록 했다. 형조는 통치질서 확립을 위한 사회통제 기능이 강화되어 향리통제·거래질서 확립 등의 업무가 추가되었다. 공조는 부국강병을 이룰 수 있도록 국가의 자원을 관리하고 수레·선박·벽돌·도자기 등의 제작과 기술 보급을 담당하도록 했다.

제3책(권7~9)은 〈천관수天官修制〉이다. 여기에서는 이조의 업무, 즉 관직 체계 및 관품 체계의 조직과 운영 방법, 수도 서울을 재구획하는 안, 전국 지방제도의 재조정과 지방 행정체계의 운영 방법 개선 및 관료의 인사고과제도 등에 대해 서술했다. 특히 관직 체계의 운영을 개선해 중인中人 기술직을 우대하고 서얼 출신의 승진을 보장할 것을 강력히 주장했고, 전국 8도를 12성省으로 재편하고 가구 수와 농경지에 매기는 세금을 기준으로 군과 현의 등급을 합리적으로 재조정할 것을 강조했다.

제5책부터 제14책까지는 〈지관수제地官修制〉로 호조의 업무에 관한 부분이다. 토지제도와 조세제도의 개혁 방안에 대해 이야기했다.

제5책(권12~14)과 제6책(권15~17)에서는 정전제井田制에 대해 서술했다. 정전법은《맹자》에서 말한 것처럼 단순하게 토지를 정자井字로 구획해 분배하는 것이 아니다. 나는 정전법에 대해 토지 면적을 계산해 사전과 공전의 비율을 9:1로 하거나 9분의 1을 세금으로 납부하는 제도로 본다. 여기에서는 조선에서 정전법을 운영할 수 있는 가능성과 방법에 대해 고민했다.

제7책(권18~20)과 제8책(권21~23)에서도 정전제에 대한 이야기를 이어나갔다. 여기에서는 그 방법과 군사제도의 정비에 대해 보다 구체적으로 정돈했다. 전국의 토지를 강제로 몰수해 재분배하거나 모든 토지를 구획하는 것은 불가능할 것이다. 따라서 관청에서 먼저 기준

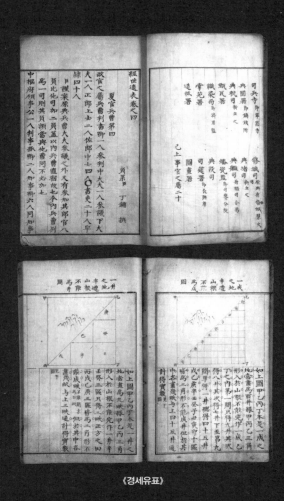

《경세유표》

이 되는 정전을 마련해 9분의 1을 세금으로 받도록 하는 방법을 제시했다. 그리고 이를 점차 전국적으로 확대시켜 나감으로써 정전제 실시와 더불어 정전을 경작하는 농민을 기간으로 하는 병농일치의 군사제도를 시행하도록 했다. 여기서 중앙군은 상비병이므로 정전이 아닌 둔전屯田을 설치해 양성하는 방법이 옳을 것이다.

제9책(권24~26)은 정전제 실시를 위한 양전量田의 필요성과 방법을 설명했다. 즉 수확량을 기준으로 양전하는 결부법結負法을 고쳐 토지의 실제 면적을 기준으로 하도록 하며, 어린도魚鱗圖를 작성해 양전에 편의를 도모해야 한다고 주장했다.

제10책(권27~29)과 제11책(권30~33)에는 부세제도의 개혁 방안에 대해 논했다. 농민과 토지에만 국가의 부세가 집중되는 현실을 비판하고 모든 산업에 세금을 부과해 백성의 평균 부담을 줄이는 한편, 국가의 재정수입 증대를 도모했다.

제12책(권34~36)에서는 환곡제도의 모순과 폐해를 비판하고, 대신 사창제社會制를 실시하고 상평법常平法을 시행하는 방법을 제시함으로써 구휼사업이 실제로 효과를 볼 수 있도록 했다. 이어서 제13책(권37~38)에도 부세제도의 개선 방안을 수록했다. 특히 어업과 염전 등에 부과되는 세금의 모순과 부조리를 비판하고 그 개선책을 제시했다. 또한 선박에 대해서도 그 크기와 성능을 규격화해 기준에 따라 과세하고, 평상시에는 전선戰船을 상선商船으로 이용하는 방안을 내놓았다. 제14책(권39~41)은 호적법과 백성을 교육하는 방법에 관한 것으로, 호적을 정비해 백성을 확실히 파악하고 조직화하는 방법과 백성 가운데 인재를 선발해 교육시키는 방법 등을 제시했다.

제15책(권42~44)에는 〈춘관수제春官修制〉와 〈하관수제夏官修制〉를 같이 수록했다. 주로 문과와 무과의 과거제도 개혁을 논했다. 문과와 무과는 모두 삼 년마다 한 번씩만 시험을 실시하고, 별시 등 각종 특별 시험을 없애 선발된 인원이 관직을 갖지 못 하는 일이 없도록 하는 개선안을 제시했다. 또한 응시 자격을 제한해 능력 있는 인물만 응시할 수 있도록 하고, 선발 과정을 엄격히 해 관직 수행에 필요한 자질을 갖춘 인재를 선발할 수 있도록 했다. 특히 서얼 출신이나 그간 여러 차원에서 차별 대우를 받았던 평안도, 함경도 등 서북지방 출신들이 과거에서 차별을 받지 않게 하고, 관직에 들어선 뒤에도 순조롭게 승진할 수 있도록 배려할 것을 제안했다.

백성을 아끼고 섬기기 위한 실천, 목민심서
●

목민牧民이란 오늘날의 법을 바탕으로 백성을 다스리는 것을 가리킨다. 그래서 나는 《목민심서》에서 율기律己·봉공奉公·애민愛民을 핵심으로 하고, 이전吏典·호전戶典·예전禮典·병전兵典·형전刑典·공전工典을 6전典으로 삼았으며, 진황振荒 1목目으로 끝을 맺었다. 편마다 각각 6조씩을 통섭하되 고금의 사례를 조사해 망라하고, 간사하고 거짓된 것을 파헤쳐내어 목민관에게 주었는데, 한 사람의 백성이라도 그 은택을 입는 자가 있기를 바라는 것이 나의 간절한 마음이다. 내용의 대강을 다시 살핀다.

제1편의 부임은 임금께 결재를 받아 관직을 임명하는 제배除拜, 행장을 차리는 치장治裝, 부임하기 전에 임금께 하직인사를 드리는 사조辭朝, 앞서서 인도하는 계행啓行, 임지에 부임하는 상관上官, 일에 임하는 이사莅事 등의 여섯 조목으로 구성했다.

제2편의 율기는 몸가짐을 바르게 하는 칙궁飭躬, 마음을 맑게 하는 청심淸心, 집안을 가지런하게 하는 제가齊家, 손님을 접대하는 병객屛客, 재물을 절제하며 쓰는 절용節用, 즐겁게 베푸는 낙시樂施 등 여섯 조목으로 구성했다.

제3편의 봉공은 우러러 축하하는 첨하瞻賀, 법을 준수하는 수법守法, 예의로 교제하는 예제禮際, 알리고 전하는 일에 관한 보문報聞, 공물을 바치는 일에 관한 공납貢納, 나아가서 일을 하는 것에 관한 왕역往役 등의 여섯 조목으로 구성했다.

제4편의 애민은 노인들을 봉양하는 일에 대한 양로養老, 아이들을 보살피는 일에 관한 자유慈幼, 가난한 사람이나 사회적 약자를 구제하는 진궁振窮, 상사에 슬퍼하는 일에 관한 애상哀喪, 불치의 환자나 중병자에게 너그러이 조세나 부역을 면제해주는 관질寬疾, 재난에서 구제하는 것에 관한 구재救災 등의 여섯 조목으로 구성했다.

위의 네 편은 목민관의 기본에 대해 상세하게 논의한 것인데, 내가 중시하는 것은 가장 먼저 어떤 목민관을 선임해야 하느냐인 것이고, 다음은 목민관의 청렴하고 절검하는 생활신조이며, 마지막으로 백성 본위의 봉사정신을 갖춘 목민관이어야 한다는 점이다.

각 고을의 수령은 백성과 가장 가까이 있는 관직으로서 다른 관직 보다 그 임무가 중요하다. 그러므로 반드시 덕행과 신망, 위신이 있 는 적임자를 선택해 임명해야 한다. 또한 수령은 언제나 청렴과 절 검을 생활신조로 삼아, 명예나 재물을 탐내지 말고 뇌물을 결코 받 지 말아야 한다. 나아가 수령은 백성에 대한 봉사정신을 기본으로 국 가의 정령을 빠짐없이 두루 알리고, 백성들의 뜻이 어디에 있는지 그 소재를 상부에 잘 전달하며, 상부의 부당한 압력을 배제해 백성을 보 호해야 한다. 수령이라면 백성을 사랑하는 이른바 애휼정치愛恤政治에 최선을 다해야 하는 것이다.

제5편의 이전은 아전을 단속하는 일에 관한 속리束吏, 대중을 이끌 어가는 어중馭衆, 사람을 쓰는 일에 관한 용인用人, 현명한 사람을 천거 하는 일인 거현擧賢, 물정을 살피는 일에 관한 찰물察物, 엄정하게 성적 을 평가하는 일에 관한 고공考功 등의 여섯 조목으로 구성했다.

제6편의 호전은 농지에 관한 행정 사항인 전정田政, 세금에 관한 세 법稅法, 곡물의 장부인 곡부穀簿, 정확한 인구 실태나 가구 파악에 관한 호적戶籍, 균등한 세금 부과에 관한 평부平賦, 농사를 권장하는 일에 관 한 권농勸農 등의 여섯 조목으로 구성했다.

제7편의 예전은 조상을 비롯해 다양한 신에 대한 제사祭祀, 손님 접

대에 관한 빈객賓客, 백성의 교화와 교육에 대한 교민敎民, 학교를 일으키기 위한 흥학興學, 등급의 판별에 관한 변등辨等, 인재를 길러내는 일에 대한 과예課藝 등의 여섯 조목으로 구성했다.

제8편의 병전은 장정을 병적에 올리는 일에 대한 첨정簽丁, 군사를 훈련시키는 일인 연졸練卒, 병장기를 수리하고 정비하는 일인 수병修兵, 무예를 권장하는 일인 권무勸武, 변란에 대응하는 응변應變, 왜구의 방어에 대한 어구禦寇 등 여섯 조목으로 구성했다.

제9편의 형전은 송사를 들어 처리하는 것에 대한 청송聽訟, 중대 범죄를 처단하는 단옥斷獄, 형벌을 신중하게 처리하는 신형愼刑, 죄수를 불쌍히 여기는 데에 관한 휼수恤囚, 폭력에 대해 엄격하게 금지하는 금폭禁暴, 해가 되는 일을 덜어버리는 제해除害 등의 여섯 조목으로 구성했다.

제10편의 공전은 산림의 일에 대해 다룬 산림山林, 연못이나 강을 다룬 천택川澤, 마을의 수리와 보수에 관한 선해繕廨, 성곽을 수리하는 일인 수성修城, 길을 수리하고 보수하는 일에 대한 도로道路, 공산품을 제작하는 문제에 대한 장작匠作 등의 여섯 보목으로 구성했다.

이 여섯 편은《경국대전》의 육전을 근거로 목민관이 실천해야 할 정책을 구체적으로 밝힌 것이다.

이전은 관청의 기강을 바로잡고 부정부패를 엄격히 다스려 바로잡는 일이 최우선이다. 이를 바탕으로 아전衙前과 군교軍校, 문졸門卒의 단속을 엄중히 하고, 수령의 보좌관인 좌수座首와 별감別監의 임용을 신중히 하되, 현명한 인재를 천거하는 것은 지방 목민관의 중요한 직무이므로 각별히 유념해야 한다.

호전은 농촌 진흥과 민생 안정을 최우선으로 삼아야 한다. 그리하여 전정과 세법을 공평하게 운용하고 호적을 정비하고, 부역의 균등을 잘 조절하며 농사를 권장하고 산업을 부흥하는 부국책富國策을 효과적으로 이끌어가야 한다. 전정의 문란, 세정의 비리, 호적의 부정, 환자還上의 폐단, 부역의 불공정은 탐관오리의 온상으로 작용했다. 따라서 수령은 이를 민생 안정의 차원에서 척결하고, 활기찬 농업을 활성화해 실효를 거둘 수 있도록 노력을 아끼지 말아야 한다.

예전은 온고지신溫故知新의 예법을 비롯해 교화와 학교 부흥을 위한 이정표를 잘 세워야 한다.

병전은 연병과 왜구를 방지하는 국방 대책을 말한 것이다. 민폐가 심한 첨정과 수포의 법을 폐지하고 군안軍案을 다시 정리하는 한편 수령은 앞장서서 평소부터 군졸을 훈련시켜야 한다.

형전은 청송·형옥을 신중하게 해야 한다. 특히 수령은 먼저 교도敎導하고 다음에 형벌을 한다는 신조를 굳게 가져야 한다.

공전은 산림·산택·영전을 합리적으로 운영해야 한다. 주로 산업 개발과 관련된 행정 문제를 지적하고자 했다.

마지막으로 진황賑荒, 해관解官의 두 편은 수령의 실무에 속하는 빈민 구제의 진황 정책과, 수령이 임기가 차서 교체되는 과정을 적은 것이다. 관직을 제대로 마무리해 유종의 미를 거둘 수 있도록, 하나의 지

洌水　丁鏞　編

勸分　賑荒第二條

勸分之法遠自周代世降政衰名實不同今之勸分非古
之勸分也

春秋傳僖二十一年夏大旱公欲焚巫尪臧文仲曰非
旱備也修城郭備鄰䘏食舉君不省用務穡勸分此其務
也杜預云勸分○鏞案古者教民睦婣任恤其不帥教
者刑以糾之帥不睦不婣不凶年勸分其食民安有不
分食者乎分於兄弟也同族分於婚姻分於鄰里分於窮

《목민심서》

표가 되기를 바라는 뜻에서 쓴 것이다.

　진황에서는 자본이나 물자를 비축하는 비자備資, 수령들이 고을 내의 실력자나 부유층에게 권해 가난한 사람이나 사회적 약자를 돕게 하는 권분勸分, 유민을 위한 대책인 규모規模, 구호시설을 확충하는 일에 대한 설시設施, 도움이 필요한 사람들을 힘으로 도와주는 보력補力, 사업을 마치는 일에 관한 준사竣事 등의 여섯 조목으로 구성했다.

　해관에서는 서로 번갈아 교체하는 체대遞代, 돌아갈 차비를 하는 귀장歸裝, 고을 사람들이 전임되는 관리의 유임을 청하는 일인 원류願留, 관직에서 물러날 것을 왕에게 청하는 걸유乞宥, 임금이 죽은 신하에게 애도하던 일이 관한 은졸隱卒, 고인이 사람을 사랑하는 유풍을 지녔다는 유애遺愛 등의 여섯 조목으로 구성했다.

　나는 이 저술을 통해 목민관을 옹호하거나 관청의 입장에서 지방 행정의 원리를 논의하고자 하지 않았다. 다만 무엇보다도 백성의 편에 서서 목민관이나 관청의 횡포, 부정부패 등에 대해 폭로하고 고발하며 탄핵하고 경계해야 한다는 점을 호소했을 따름이다.

억울한 사연을 살피기 위한 실천, 흠흠신서

●

흠흠欽欽이란 말이 낯설 것이다. 사람의 목숨이 달린 옥사는 잘 다스리는 사람이 적다. 그것은 경전이나 역사 기록에 바탕을 둬 상소에 대한 임금의 견해나 여러 전문가들이 논의한 내용을 참고하고, 공론에 의해 결정된 공문서 기록을 근거로 삼아 이를 모두 헤아려서 검토하고 평가해 옥관獄官에게 줘야 한다. 그리하여 원통하고 잘못되는 일이 없도록 하는 것이 나의 바람이다

나는 살인사건이 발생했을 때, 그것을 조사하고 심리하며 처형하는 과정이 매우 형식적이고 무성의하게 진행되는 것을 많이 보았다. 이는 사건을 다루는 관리들이 법률을 제대로 파악하지 못 하고 사실을 올바르게 판단하는 기술이 미약하기 때문이다. 잘못된 판결로 인해 얼마나 많은 죄 없는 백성들이 죽어 나갔을까. 내가 《흠흠신서》를 집필한 연유는 바로 여기에 있다.

《흠흠신서》는 경사요의經史要義 3권, 비상전초批詳雋抄 5권, 의율차례擬律差例 4권, 상형추의詳刑追議 15권, 전발무사剪跋蕪詞 3권으로 구성했다.

〈경사요의〉는 범죄를 저지른 사람에게 적용하던 《대명률》과 《경국대전》의 형벌 규정이 어떻게 되어 있는지 그 기본 원리와 지도 이념이 되는 사안을 유교 경전 가운데 선별해서 요약 서술한 것이다. 나아가 중국과 조선의 역사서들 가운데 참고할 만한 선례 또한 선정해 요약했다. 또 중국 79건, 조선 36건 등 모두 115건의 판례를 분류해 소개했다.

〈비상전초〉는 살인사건의 문서를 작성하는 수령과 관찰사에게 모범 사례를 제시하기 위해, 청에서 발생한 비슷한 사건에 대한 표본을 선별해 해설과 함께 비평한 책이다. 살인사건이 발생했을 때 문서를 어떻게 작성하는 것이 가장 이상적인지, 그 형식과 문장의 기법, 사실

을 인정하는 기술, 그리고 관계 법례를 참고할 수 있도록 종합적으로 논했다.

〈의율차례〉는 살인사건의 유형과 그에 적용되는 법규 및 형량이 세분되지 않아 죄의 경중이 무시되고 있는 사실에 착안해, 중국의 모범적 판례를 체계적으로 분류해 제시했다.

〈상형추의〉는 임금께서 심리하셨던 살인사건 가운데 142건을 골라, 살인의 원인과 동기 등에 따라 22종으로 분류한 결과다. 각 판례마다 사건의 내용과 상황을 조사하고 기록해놓은 수령의 검안檢案, 관청에서 백성의 소원에 대해 적절하게 처리하라고 내린 글인 관찰사의 제사題辭, 임금의 물음에 관리들이 심의해 대답한 형조의 회계回啓, 관리들이 올린 내용에 대해 임금이 의견을 덧붙인 국왕의 판부判付를 요약했다. 여기에 필요에 따라 나의 의견과 비평도 덧붙였다.

〈전발무사〉는 내가 곡산부사·형조참의로 재직할 때 다루었던 사건과 직접 혹은 간접적으로 관여했던 사건, 유배지에서 보고 들은 16건의 사례에 대해 소개하고 비평한 것이다. 또한 매장한 시체의 굴검법掘檢法 등도 다루었다.

나는 다만 이렇게 써왔다

●

나는 일생동안 육경六經과 사서四書로 나의 몸을 닦아왔다. 그리고《경

세유표》와 《목민심서》, 《흠흠신서》, 이렇게 일표表와 이서書를 지어 천
하 국가를 다스리는 데 도움이 되고자 했다. 육경사서와 일표이서로
보면 나는 내 나름대로 내 학문에 대한 이론과 실천의 본말本末을 갖
추었다고 생각한다. 그러나 알아주는 이는 적고 나무라는 이는 많다.
나의 이런 견해를 하늘이 인정해주지 않는다면, 저 훨훨 타고 있는 하
나의 횃불로 육경과 사서의 주석들, 그리고 일표이서를 모조리 태워
버려도 좋다.

先生漢學行醇篤從李家煥李承薰等得見其遺書目此留心經籍既上庠從李蘖游聞西敎見西書丁未

年頗傾心焉辛亥以來邦禁嚴遂絕意乙卯夏蘇州人周文謨來邦內洶洶出補金井察訪受旨誘戢辛

閔命赫等以西敎事發啓與李家煥李承薰等下獄既而二兄若銓若鍾皆被逮二死二生諸大臣議白放

執不可鏞配長鬐縣銓配薪智島秋逆賊黃嗣永就捕惡人洪羲運李基慶等謀殺鏞百計得朝旨鏞與

按事無與知狀又不成蒙 太妃酌處鏞配康津縣銓配黑山島 太妃命放鏞欲復用鏞以

男學淵鳴寃 命放逐鄉里因有當時臺啓禁府格之後九年戊寅秋始還鄉里 太妃命放鏞相臣徐龍輔止

輔又沮之鏞在謫十有八年專心經典所著詩書禮樂易春秋及四書諸說共二百三十卷精研妙悟多得

旨詩文所編共七十卷多在朝時作雜纂國家典章及牧民按獄武備疆域之事醫藥文字之辨殆二百卷

經而務適時宜不泯則或有取之者矣鏞以布衣結人主之知 正宗大王寵愛嘉獎踰於同列前後受賞

賜馬文皮及珍異諸物不可勝記與聞機密許有懷以筆札條陳皆立 賜允從常在奎瀛府校書不以職事

賜珍饌以飫之凡內府祕籍許因閣監請見異數也其爲人也樂善好古果於行爲以此取禍命

罪聲極多尤悔積於中至於今曰重逢壬午世之所謂回甲如再生然遂滌除閒務夙夜省察以復乎天

今至死庶弗畔矣夫丁氏本貫押海高麗之末居白川我 朝定鼎遂居漢陽始仕之祖校理子伋自玆繩

可壽崗兵曹判書玉亨左贊成應斗大司憲胤福觀察吏子善校理彥璧兵曹參議時潤皆入玉堂自兹

三世皆以布衣終高祖諱道泰曾祖諱恒鎭祖父諱志諧唯曾祖爲進士也洪氏產六男三女夭者三之二

女成立男曰學淵學游女適尹昌謨卜兆于家園之北子坐之原尚能如願銘曰

王之寵入居宥密爲之腹心朝夕以昵荷天之寵牖其愚衷精研六經妙解微通愍人旣張天用玉汝黜

福矯然退舉

先生卒于 憲宗二年丙申享年七十五歲也 先生沒後百二十三年己亥西紀一九五九年 月

정약용의 〈자찬묘지명〉 탁본 가운데.

終章

다시 나, 정약용

●

나의 가족들을 하나하나 다시 꼽아본다. 나의 어머니는 윤씨尹氏이다. 나의 외할아버지는 존함이 덕렬德烈이고, 나의 외증조는 존함이 두서斗緒이다.

나의 외증조부 윤두서는 고산 윤선도의 증손이다. 정선鄭敾, 심사정沈師正과 더불어 조선 후기 삼재三齋로 일컬어졌던 분이다. 할아버지는 해남 윤씨 가문의 종손으로 증조할아버지인 윤선도와 《지봉유설芝峰類說》을 쓴 이수광李晬光(1563~1628)의 영향을 받아 학문적으로도 탄탄한 배경을 가졌다. 젊은 시절에는 가풍을 이어 과거에 매진해 1693년(숙종 19)에 진사시에 합격했다. 그러나 해남 윤씨 집안이 속한 남

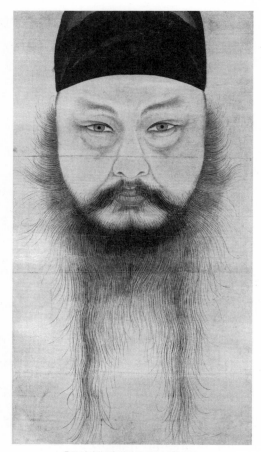

윤두서가 그린 자화상. 국보 제240호

인 계열이 당쟁이 심화되면서 어려운 상황에 처하자 벼슬을 포기하고 여생을 학문과 시서화로 보냈다고 한다. 1712년 이후, 고향인 해남의 연동으로 돌아와 은거했는데 1715년(숙종 41) 48세로 너무 일찍 세상을 떠났다.

외증조부의 학문적 성향은 직접 제작한 동국여지도東國輿地圖나 일본지도日本地圖, 천문학과 수학에 관한 서적, 그리고 이잠李潛이나 이서李溆 등 성호 이익 선생 형제들과의 교분에서도 잘 알 수 있듯이 실학을 추구했다.

외증조부가 조선 시서화의 새로운 경향을 선도할 수 있었던 힘은 방대한 중국 서적을 읽은 독서 경험에서 온 것이라 한다. 외증조부는 산수화, 도석인물화, 풍속화, 동물화, 화조화 등 다양한 작품을 남겼는데, 특히 말과 인물화를 잘 그렸다. 예리한 관찰력과 뛰어난 필력으로 보는 그대로를 묘사하려 해 그림들이 하나같이 생생하다.

전라도 해남의 녹우당綠雨堂, 나의 외가에는 외증조부가 그린 자화상自畫像이 보존되어 있다. 자화상에는 말로 형용할 수 없는 비장미가 있다. 현실과의 괴리감에서 나오는 지식인의 내면적 갈등을 드러낸 것이라 한다. 그외에도 외가에는 목기 깎는 장면을 그린 선차도旋車圖, 돌깨기와 나물 캐는 여인을 그린 채애도採艾圖 등 외증조부의 유작들이 많이 있다. 할아버지의 이런 그림들은 구름 위가 아닌 땅에 발 딛고 있는 백성들의 노동을 주제로 하고 있어, 새로운 사상과 새로운 시대가 열렸음을 알리는 것으로도 풀이된다. 또한 김홍도金弘道(1745~1806)

나 신윤복申潤福(1758~?) 등이 걸어간 길의 선구가 되었다고도 한다.

외증조할아버지의 화풍은 큰 아들인 윤덕희와 손자인 윤용에게 계승되었다. 나에게는 큰 외할아버지이자 외삼촌이 되는 분들이다. 이러한 조상들의 결은 나의 회화론에도 상당한 영향을 주었으리라.

어머니의 증조부는 이석爾錫으로 종친부 전부宗親府 典簿를 지냈다.

나에게 삶을 맡긴 나의 사람은 풍산 홍씨豊山 洪氏다. 그의 아버지, 즉 장인어른의 존함은 화보花輔이다. 승정원 동부승지, 경북 절도사를 지냈다. 아내의 조부 존함은 중후重厚이다. 동지돈령부사를 지냈다. 증조부 존함은 만기萬紀이고, 승정원 우부승지를 지냈다. 대대로 고위 관직을 역임한 명문가 집안이다.

아내는 6남 3녀를 낳았다. 그러니까 나의 자식은 모두 9남매였다. 어릴 때 먼 곳으로 떠나보낸 아이들이 여섯이나 된다. 말할 수 없이 안타깝다. 아들로는 맏이 학연學淵이 있고, 다음으로 학유學游가 있다. 딸은 윤창모尹昌謨에게 출가했다. 학연의 아들, 그러니까 내 손자 이름은 대림大林이다.

이렇게 나의 모든 것을 돌아본 지금, 다시 나를 고백한다. 나는 건륭(청 고종) 연간, 1762년(영조 38) 임오년에 태어났다. 그리고 지금 도광(청 선종) 연간인 1822년(순조 22), 임오년을 다시 만났다. 나는 한 갑자甲子를 다시 만난 시간을 견뎠다. 나의 삶은 모두 그르침에 대한 뉘우침으로 지낸 세월이었다. 이제 지난날을 거두고자 한다. 거두어 정리하고 일생을 다시 시작하려고 한다. 진정으로 올해부터 빈틈없이 촘촘하게 내 몸을 닦고 실천하며, 저 하늘의 밝은 명령, 나의 본분이 무엇인지 돌아보면서 내게 주어진 삶을 나아가고자 한다.

언제 세상을 떠날지 모르겠다. 다만 내가 죽으면 집 뒤에 정남쪽으로 향해 있는 언덕에 묻히고 싶다. 내 삶의 기록은 내가 수습하고자 한다. 이에 미리 내가 묻힐 곳에 무덤의 형태를 그어놓고, 내 평생의 언행을 대략 기록해 묘지문으로 삼는다. 나 같은 죄인의 글을 누가 새겨줄지 감히 바라지 못 하겠다. 그럼에도 묘지에 새길 글을 이렇게 남기고 싶다.

이기이선 爾紀爾善

지어루독 至於累牘

기이은특 紀爾隱慝

장무경죽 將無罄竹

이왈여지 爾曰予知

서사경륙 書四經六

고궐유행 考厥攸行

능불괴뉴 能不愧忸

이즉연예 爾則延譽

이망찬양 而罔贊揚

합이신증 盍以身證

이현이장以顯以章

련이분운斂爾紛紜

집이창광戢爾猖狂

면언소사俛焉昭事

내종유경乃終有慶

네가 기록한 너의 선행, 여러 편 글로 묶였구나.

그 숨겨진 잘못된 일까지 일일이 다 적을 수는 없으리라.

너는 이렇게 말하겠지, 나는 사서와 육경을 안다고.

허나, 그 행실을 살펴보라. 너무나 부끄러울 수밖에 없지 않은가.

너는 칭찬을 바라겠지.

허나, 누구도 이끌어줄 수는 없으리라.

어찌 온몸으로 증명하여 드러내 빛내고 싶지 아니하랴만,

이제 너의 어지러움을 거둬들여 미쳐 날뛰던 일들은 그만두도록

하자.

머리 숙여 훤히 드러나도록 전념하니, 마침내 축하의 말이 있으리라.

정약용 〈자찬묘지명自撰墓誌銘〉
원문

此洌水丁鏞之墓也. 本名曰若鏞, 字曰美庸, 又曰頌甫. 號曰俟菴, 堂號曰與猶, 取冬涉畏鄰之義也. 父諱載遠, 蔭仕至晉州牧使, 母淑人海南尹氏. 以英宗壬吾六月十六日, 生鏞于洌水之上馬峴之里, 時惟乾隆二十七年也.

　　丁氏本貫押海, 高麗之末, 居于白川, 本朝定鼎, 遂居漢陽. 始仕之祖, 承文校理子伋, 自玆繩承, 弘文館副提學壽崗 · 兵曹判書玉亨 · 議政府左贊成應斗 · 大司憲胤福 · 江原道觀察使好善 · 文館校理彦璧 · 兵曹參議時潤, 皆入玉. 自玆時否, 徙居馬峴, 三世皆以布衣終, 高祖諱道泰, 曾祖諱恒愼, 祖父諱志諧, 唯曾祖爲進士也.

　　鏞幼而穎惡. 頗知文字. 九歲有母之喪, 十歲始督課, 伍年之間, 先考閒居不仕, 鏞得以是讀經史古文頗勤, 又以詩律見稱.

　　十伍而娶, 適先考復仕爲戶曹佐郎, 僑居京內. 時李公家煥, 以文學聲振一世, 姊夫李承薰, 又飭躬勵志, 皆祖述星湖李先生之學. 鏞得見其遺書, 欣然以學問爲意.

　　正宗元年丁酉, 先考出宰和順縣, 厥明年, 讀書東林寺. 庚子春, 先考移蒞醴郡, 遂游晉州, 至醴泉, 讀書廢廡中. 壬寅秋, 栖奉恩寺, 習經義之科. 癸卯春, 爲經義進士游太學, 內降《中庸講義》八十餘條. 時鏞友李蘗, 以博雅名, 與議條對, 理發 · 氣發, 檗主退溪之說, 鏞所對偶與栗谷李文成所論合. 上覽訖亟稱之, 爲第一. 都承旨金尙集出語人曰, "丁某得褒諭如此, 必大振矣."

　　甲辰夏, 從李蘗舟下斗尾峽, 始聞西敎, 見一卷書, 然專治儷文, 習表箋詔制, 蒐輯累百卷. 太學月課句試, 輒被高選, 賞賜書籍紙筆, 數賜對登筵如近臣, 固未暇馳心于物外也.

　　丁未以來, 寵賚益蕃. 而數就李基慶江亭肄業, 基慶亦樂聞西敎, 手鈔書一卷, 其貳自戊申也. 己酉春, 鏞以表文泮試居首賜第, 殿試居甲科第二人, 付禧陵直長. 大臣抄啓, 隸奎章閣月課.

　　庚戌春, 鏞與金履喬, 薦入翰林, 爲藝文館檢閱, 尋有人言, 自引不仕. 升司憲府持平, 司諫院正言, 月課居首, 賜廐馬文皮以寵之. 辛亥冬, 內降《毛詩講義》八百餘條, 鏞所對獨得多算. 御批有曰, "泛引百家, 其出無窮, 苟非素蘊之淹博, 安得如是."條條評獎, 悉踰所期.

　　時有湖南權 · 尹之獄, 惡人洪樂安等, 謀欲因此盡除善類. 乃上書于樊翁謂, "聰明才智, 搢紳章甫, 十之七八, 皆游于西敎, 將有黃巾 · 白蓮之亂."上令樊翁坐公署, 召睦萬中 · 洪樂安 · 李基慶等, 查其虛實.

　　基慶對曰, "其書間有好處, 臣與李承薰, 嘗於泮中同看其書. 若論看書之罪, 臣與承薰, 當同被威罰."卽又馳書于鏞, 言其所對有權衡, 欲與之求成.

　　鏞召李致薰語之曰, "泮中看書, 是實就理, 宜對以實, 欺君不可也."致薰曰, "密告旣自首, 獄詞雖違實, 非欺君也."鏞曰, "不然. 密告非正, 獄詞乃告君也. 朝廷唯獄詞是觀,巨室名族, 家家公議, 可畏也. 今聖明在上, 相君佐理, 及是時潰癰, 不亦可乎. 他日雖悔, 無及也."致薰不聽, 乃承薰獄對言'基慶誣人', 遂蒙白放.

於是李基慶以草土臣, 上疏詆大臣查事不公, 證泮中看書事益詳. 上怒投基慶于慶源, 旁觀者快之. 鏞曰, "毋然. 吳黨之禍, 自玆始矣."鏞以時往基慶家, 撫其幼子, 及其母祥, 以千錢助之. 乙卯春, 邦有大赦, 而基慶未放.

鏞謂李益運曰, "基慶雖心地不良, 而訟則負屈, 一時之快, 異日之患也. 不如入告以釋之."益運曰, "吳意如此."遂入告如所言, 上特放基慶.

基慶還旣久, 稍入朝班, 知舊無與立談者, 鏞獨敍寒暄如平日, 所謂故也, 無失其爲故也. 乃於辛酉之獄, 基慶主謀, 必欲殺鏞而後已. 然對洪義浩諸人, 語及鏞, 必泫然流涕, 雖大計所驅, 而其良心未泯也.

厥明年壬子春, 鏞選入弘文館爲修撰, 赴內閣修賡和詩卷. 四月, 先考捐館于晉州. 聞急, 至雲峰戴星, 旣月, 反柩于忠州, 旣葬反哭于馬峴. 上數問存沒.

是年冬, 城于水原, 上曰, "己酉冬舟橋之役, 鏞陳其規制, 事功以成, 其召之, 使于私第條陳城制."

鏞乃就尹畊〈堡約〉及柳文忠〈城說〉, 採其良制, 凡譙樓·敵臺·懸眼·伍星池諸法, 疏理以進之.

上又內降《圖書集成》·《奇器圖說》, 令講引重起重之法, 鏞乃作起重架圖說以進之. 滑車·鼓輪, 能用小力, 轉大重. 城役旣畢, 上曰, "幸用起重架, 省費錢四萬兩矣."

癸丑夏, 蔡文肅以華城留守, 入爲領議政, 上疏復論壬吾讒人, 金鐘秀謂, "壬吾聯箚後, 復提此事者逆也."攻之甚力.

上出示英考金縢之詞, 以昭莊獻世子出類之孝, 事得已. 時洪仁浩對韓公, 亦攻文肅之疏, 語多妄發, 知舊搢紳章甫, 齊聲攻洪, 此所謂甲寅事也. 洪疑我主論, 遂與之有隙, 其後稍自釋疑, 而吳黨慘刻之禍, 蓋權輿乎此矣.

甲寅七月, 服闋, 授成均館直講, 八月, 差備邊司郎, 十月, 復入玉堂爲校理修撰. 方直宿館中, 忽被旨黜爲露梁鎭別將兼壯勇營別牙兵將, 中夜投剌于寢殿, 其實命爲京畿暗行御史也.

時徐相家人有居麻田者, 謀以鄉校之地獻于相門, 以爲佳城, 詐云'地不吉', 脅鄉儒, 移學宮, 已毁明倫堂. 鏞廉知之, 則掩捕以懲之. 又觀察使徐龍輔, 於七重河沿邑, 糴粟爲錢, 徵高賈, 且曰, "是袨治道之費也. 欲輕糶得乎."

於是小民怨之曰, "苦哉, 華城也! 果川亦有路, 奚爲乎袨."謂上數幸寢園, 故有此煩費也. 鏞歸而奏之. 內醫康命吉爲朔寧郡守, 地師金養直爲漣川縣監, 皆怙寵犯法, 貪婪無忌憚, 鏞劾奏之, 得照律.

十二月, 上議以明年追上徽號于莊獻世子, 爲乙卯是莊獻誕生之回甲也. 因亦上號于太妃·太嬪. 設都監于禮曹, 蔡文肅公爲都提調, 鏞與權坪爲都廳郎. 時朝臣議徽號八字, 無金縢彰孝之義, 上欲改議, 無以執言. 密咨于文肅, 李家煥曰, "所上有開運字, 此是石晉年號, 宜以是言之." 上大悅, 遂命改議. 乃上之曰, "章倫隆範, 基命彰休." 章倫隆範, 是金縢意也.

大提學徐有臣, 撰玉冊文, 又不言金縢事, 應敎韓光植, 疏論其疎謬. 上以韓疏下于都監諸臣, 令議改撰當否, 或點改一二句可乎. 時都監提調閔鍾顯·沈頤之·李得臣·李家煥, 皆沈吟無定議.

鏞曰, "凡表箋詔誥之類, 若其字句有病, 畧畧刪潤焉可也. 今玉冊不言金縢事, 是命脈都誤, 不得不改撰, 無以遺君父憂也."

都提調蔡公, 遂請改撰焉. 事旣竣, 將封而獻之. 吏白曰, "太嬪宮玉冊金印, 將書之曰'臣謹封'乎, 抑不'臣'也." 蔡公令博考儀軌, 皆不得所據, 日中不決, 遑遑不知所爲. 鏞進曰, "'臣謹封', 可矣." 蔡公目攝之, 欲毋妄言. 閔·沈兩公, "何哉." 鏞曰, "今玆玉冊·玉寶·金印諸物, 都監諸臣以其名上之于太妃·太嬪, 則朝廷於太嬪, 平日不稱臣, 今亦不臣可也. 今我諸臣承上命, 造此玉冊諸物, 上之于大殿, 大殿自以其孝誠, 獻之于太妃太嬪, 今我於大殿, 何爲不臣." 蔡公大惡曰, "善." 一座稱善. 是日諸郎官·胥吏觀者, 咸以爲快, 議遂定.

後數日, 蔡公語之曰, "臣與不臣, 關係極大, 吳始聞君言大驚, 及聞其釋義, 乃豁然也."

時內閣學士鄭東浚, 移疾家居, 陰執朝權, 招納四方貨賄, 貴臣名卿, 每夜集百花堂讌會, 中外側目. 鏞常欲擊東浚, 草疏曰, "內閣之設, 卽殿下述先美振文治, 而兼寓經遠之謨者也. 凡在臣僚, 孰不欽仰. 第其選授, 或非其人, 寵待有踰其分, 則驕侈以萌, 謗議以興. 如閣臣鄭東浚之引疾家居, 不效夙夜之勞, 人莫不疑怪其事, 況其第宅踰制, 行路指點, 此在閣臣, 恐非好消息. 伏願殿下, 稍加裁抑, 使之謹拙守分, 則非但朝野解惑, 抑亦自家之福也."

甲寅冬, 再入玉堂, 皆以遞去不果上. 乙卯春, 東浚事發, 自裁, 遂已之.

正月, 特除司諫, 尋擢爲通政大夫同副承旨, 以都監勞也. 二月, 上陪太嬪及率郡主縣主幸華城. 一日命鏞治裝, 莫知攸職. 後數日, 特除兵曹參議, 以侍衛從焉. 在華城與宴賡和, 寵遇頗摯. 旣還, 令於兵曹直中, 半夜作七言排律百韻, 及奏稱旨. 上命館閣諸學士閔鍾顯·沈煥之·李秉鼎等, 批評以進, 令內閣學士李晩秀朗讀, 加御批御評, 奬諭隆重, 賜鹿皮一領以寵之.

上謂近臣曰, "予將處鏞以館閣, 故先爲之示意也."

是年春, 鏞爲會試一所同考官. 旣唱名, 南人爲進士者伍十餘人, 時輩謬謂鏞行私濟其黨.

上聞之大怒, 据他事下獄, 至十餘日, 責諭震疊, 謂放恣無忌. 又諭曰, "平生不復秉朱筆." 又令銓曹, 勿擬官職.

後數日, 上御春塘臺試士, 特命鏞爲對讀官, 鏞惶恐不知所爲. 上諭蔡弘遠曰, "予後知之, 南人與選者皆二所. 丁鏞一所也, 無行私事." 令入處奎瀛府, 與李晚秀·李家煥·李益運·洪仁浩·徐俊輔·金近淳·曹錫中等, 共撰《華城整理通考》, 鏞所掌特多. 旣數日, 上苑百花盛開, 上於映花堂下騎馬, 內閣臣蔡以下十餘人及臣鏞等六七人, 皆騎內廐馬扈從, 循宮牆一匝, 還至石渠門下馬, 轉至籠山亭曲宴. 凡禁苑中水石花卉之勝, 几案圖書之秘, 無不窺者. 旣又移蹕至瑞蔥臺, 上發射, 令諸臣觀. 向夕引至芙蓉亭, 賞花釣魚, 令鏞等汎舟太液池, 應敎賦詩. 宣飯訖, 賜御燭歸院.

後數日, 上幸洗心臺賞花, 鏞又從焉. 酒旣行, 上賦詩, 令諸學士賡和. 內侍進彩牋一軸, 上命鏞入御幕中寫詩, 鏞於榻前抽筆, 上以地勢不平, 命安軸于御榻上寫之. 鏞頓首不敢進, 上亟命之, 鏞不得已如命, 揮毫點墨, 上皆逼視之稱善, 其見待如此. 夏四月, 蘇州人周文謨, 變服潛出, 匿於北山之下, 廣揚西敎. 進士韓永益知之, 告于李晳, 鏞亦聞之. 暫告于蔡相公, 公密告于上, 命捕將趙奎鎭掩捕之.

文謨逸, 執崔·尹等三人, 杖殺之. 睦萬中等, 煽動浮言, 欲因此盡陷善類, 陰嗾朴長卨上疏, 論李家煥誣云, "丁若銓庚戌對策, 以伍行爲四行, 而家煥擢之爲解元." 上覽對策, 察其誣, 下諭以辨之, 流長卨于四裔, 而惡黨蜚語日甚. 時宰勢家, 習聞其說, 謂, "李家煥等, 實其根氐, 不可以不罪也." 上苦之.

秋鼫家煥補忠州牧使, 鏞補金井驛察訪. 李承薰投配禮山縣. 其日下諭曰, "渠若目不見非聖之書, 耳不聞悖經之說, 無罪渠兄, 何登公車. 渠欲爲文章, 則六經兩漢, 自有好田地. 其必務奇求新, 至於狼狽身名, 抑何嗜慾. 雖云蹤跡不綻, 得此梁·楚, 卽其斷案. 設已向善, 因此自拔, 在渠無非玉成. 前承旨丁鏞金井察訪除授, 當刻登程, 俾圖生踰江漢之方."

金井在洪州地, 驛屬多習爲西敎, 上意欲令鏞曉喩以禁之也. 鏞至金井, 招其豪, 申諭朝廷禁令, 勸其祭祀, 士林聞之, 謂有改觀之效. 於是請木齋 李, 會于溫陽之石巖寺. 時內浦名家子弟, 若李廣敎·李鳴煥·權夔·姜履伍等十餘人, 亦聞風來集, 日講洙·泗之學, 校星翁遺書, 十日而罷. 又訪北溪尹就協·方山李道溟, 皆有志之士也.

冬, 以特旨內移. 時李鼎運出爲湖西觀察使. 前使柳焵捕李存昌, 謂'鏞與聞其謀', 欲歸功於鏞, 使得自拔. 上聞之, 密諭鼎運飭到界, 卽具奏聞, 令鏞得因此遂開進途.

李益運又傳上諭, 令鏞條擧事實以付鼎運. 鏞曰, "不可. 士君子立身事君, 雖捕澄玉·施愛, 尙不足據以爲功, 況此小豎. 又未嘗發謀畫策, 今覻然鋪張, 以捕捉徼君之惠, 死不敢爲也. 乞無遵上旨, 使我愧死." 益運憮然而去, 蓋以此忤旨云.

其後金履永, 又補金井察訪, 還白, "鏞在金井, 誠心膈戢, 且居官廉謹." 沈煥之奏曰, "丁鏞因軍服事, 特命停望, 至今未解. 其人旣可用, 且於金井多所膈戢, 請復收用." 上允之.

丙辰春, 因刑曹錄啓, 下諭曰, "近聞筵臣言, 內浦一帶, 爲外補察訪誠心敎戢, 有刮目之效." 特賜中和尺, 仍降御詩二首, 令鏞賡進.

秋, 上遣檢書官柳得恭, 詢《奎韻玉篇》義例于李家煥及鏞. 至冬, 召鏞入奎瀛府, 與李晚秀·李在學·李翼晉·朴齊家等, 校《史記英選》, 數賜對, 議定書名, 日賜珍膳奇味以餞之, 又數賜米·柴·炭·雉·鮓·柹·橘之屬及奇香珍物. 十二月, 除兵曹參知, 尋移右副承旨, 陞左副.

丁巳春, 賜對于大酉舍宣飯, 下詢〈貨殖傳〉·〈袁盎傳〉疑義. 承命就外閣, 與李書九·尹光顏·李相璜等, 校《春秋左氏傳》, 又命爲泮試對讀官, 下諭令秉朱筆考卷, 皆異數也. 六月, 再入院, 爲左副承旨.

乃上疏洞陳本末, 以達其致謗之由, 畧曰, "辭不迫切, 謂之'看書'. 苟唯看書而止, 則豈遽罪哉. 蓋嘗心欣然悅慕矣, 蓋嘗擧而夸諸人矣, 其於本源心術之地, 蓋嘗如膏漬水染, 根據枝縈, 而不自覺矣." 反覆說累千言.

上批答曰, "善端之萌, 藹然若春噓物苗, 滿紙自列, 言足感聽." 筵臣亦多爲鏞言者, 上爲之嘉獎. 會谷山都護使貶遞, 上以御筆書鏞名以授之, 鏞陛辭.

上曰, "向來之疏, 文詞善而心事明, 誠未易也. 正欲一番進用, 議論苦多, 不知何故. 且休惆悵. 且遲一二年, 無傷也. 行且召之, 無用惆悵然也." 時時貴讒嫉者多, 上意欲令鏞居外數年以凉之耳.

先是上令金履喬·履載·洪奭周·金近淳·徐俊輔等諸臣, 爲《史記選纂註》, 旣進, 病其煩頤, 思欲刪正. 至是上曰, "谷山, 閑邑也. 其往爲之." 鏞受命而退, 每簿書有暇, 覃精纂栝. 書旣成, 因內閣進之, 李晚秀報曰, "書奏稱旨."

谷山之民, 有李啓心者, 性喜談民瘼. 前政時, 砲手保棉布一疋, 代徵錢九百, 啓心率小民千餘人, 入府爭之. 官欲刑之, 千餘人蜂擁啓心, 歷階級, 呼聲動天. 吏奴奮梃以逐之, 啓心逸, 伍營譏之, 不可得.

鏞至境, 啓心疏民瘼十餘條, 伏路左自首. 左右請執之, 鏞曰, "毋. 旣首不自逃也." 旣而釋之曰, "官所以不明者, 民工於謀身, 不以瘼犯官也. 如汝者, 官當以千金買之也." 於是凡京營上納之布, 鏞親於面前度而受之.

鄉校有《伍禮儀》, 載〈布帛尺圖〉, 校之時用尺, 差者二寸. 於是按圖作尺, 期合乎京營銅尺, 以收民布, 百姓便之. 厥明年, 布益貴, 鏞乃出勅需錢及官俸錢二千餘兩, 貿布于湖西, 以充京納, 徵其賈于民以償之, 皆不過二百, 民以爲家獲一犢矣.

國法凡倉穀, 必分巡以頒之, 或至八九巡, 鏞每一日召數鄉之民, 使一時盡輸, 以減其煩費, 簡其來往.

戊吾冬, 收糧幾畢, 掌財臣鄭民始, 奏請糶谷山米七千石. 是年大登, 米不過斛二百, 乃詳定之價, 四百二十也. 鏞條列利害, 以報上司, 趣民畢輸糧, 封倉以俟之. 鄭公奏曰, "國之爲國, 以紀綱也. 臣等請之, 殿下允之, 監司布之, 乃守令悍然不遵, 何以國矣. 請罪鏞以懲後." 上取原報, 覽之曰, "古者掌財之臣, 周知八路市賈, 賤則糴之, 貴則糶之, 法也. 今卿糶賤以貴, 鏞之不遵, 不亦可乎."

凡戶籍期至, 吏嚇民增戶, 民爭輸賂, 以冀無增. 以故敗里日凋, 富村日裕, 民用不均. 鏞先修砧基簿, 作縱橫表, 又作地圖, 設經緯線, 以周知民虛實強弱, 及地之闊狹遠近. 以故罷籍監 · 籍吏, 官爲之增減, 戶額悉中情實. 不數日而籍單齊到, 無一人訴其冤者.

每鄉甲薦報軍丁, 鏞逆知其貧丐縈疚, 卽應聲責之曰, "某甿新自某郡來, 鰥而癎, 何以應軍布." 鄉甲錯愕, 不敢復言, 皆用砧基表以知之, 非它術也.

節度使鄭學畊, 飭簽虛錄 · 白骨之軍, 鏞曰, "何哉. 軍布莫良於虛錄, 軍簽莫善於白骨, 愼勿生事." 鄭未喩. 鏞曰, "有軍布之契, 有役根之田, 此戶布也. 戶布者, 國家之所欲亟行而不能者也. 民自爲之, 何爲亂也." 事遂已.

建政堂, 修公廨, 乃取諸庫諸廳事例節目, 悉毀棄之, 新立條例以行之. 先是費用每詘, 再斂民戶, 自玆充羨有餘裕, 後尹有欲改之者, 吏民皆執不可, 終不得改一條焉.

戊吾冬季, 沴疾猝自西路至. 鏞先寢疾, 而邑中老者, 得則必死, 不數日而哭聲動四鄰, 鏞勸民相療治, 以米粟賙其急, 又葬薶其無主者. 歲旣新, 鏞方擁被, 趣召勑需監吏, 令于白川江西寺, 亟往貿鋪墊紋席. 僉愕不喩曰, "勑使來乎." 曰, "否. 猶宜速往." 吏往貿之, 還到平山府, 義州撥馬飛奔過之日, "皇帝崩, 勑使來矣." 吏旣回, 一府大驚. 鏞曰, "無異也. 病自西方來, 老人皆死, 是以知之."

春, 假銜戶曹參判, 爲黃州迎慰使, 留黃州伍旬. 上密諭, 令鏞廉訪道內守令臧否及餼賓諸弊. 以守令而察守令, 亦稀有也. 先是道內有疑獄二, 鏞密奏之, 上諭監司查審. 監司李義駿, 差鏞行查, 二獄皆決.

會夏旱, 上欲審理庶獄, 念鏞獄詞稱旨, 遂除兵曹參知, 在道除同副承旨, 入都除刑曹參議. 登筵, 上謂刑曹判書趙尙鎭曰, "卿今老矣. 參議年少頗聰穎, 卿宜高枕, 一付之參議也. 判書得此諭, 凡庶獄疏決, 一委之鏞, 多所平反.

有一甿枉罹獄, 旣老莫肯白者, 鏞溯考初覆檢公案, 發其冤, 上命直於曹庭給衣冠白放.

武臣李聖師買一婢, 及聖師死有訟. 會有臺言激, 上怒. 上命執其孫某, 杖問一百下, 天威震疊, 令察其拷掠, 一曹惶怯. 鏞曰, "苟拷之, 酷死而已. 殺士, 非聖意也." 飭備數而止, 奏言無罪, 上意以解. 有一奸民, 重賣貢物, 託云, "朱芠在華城, 不可得." 鏞鞫之曰,

"幺麼小民, 敢欲憑華城爲城社, 得乎." 兩日而朱劵至矣.

一日上曰, "爾自海西來, 宜陳痼瘼." 鏞奏椒島屯牛事, 上卽命下諭, 盡除牛籍. 又奏勅使迎接諸弊, 上曰, "李相時秀, 新經遠接使, 其往議之." 遂命所費, 皆報銷之.

時春注日深, 夜分乃罷, 不悅者忌之. 洪時溥謂鏞曰, "子其愼之. 吳儁有爲玉堂吏者曰, '丁公夜對未罷, 則玉堂遣吏伺候.' 憂不能寐.' 子其堪之乎." 未幾大司諫申獻朝啓論權哲身, 遂及鏞兄. 啓未畢, 上怒譴之, 朝報無文, 鏞不知也. 臺臣閔命赫, 又論鏞冒嫌行公. 鏞引疾不出, 踰月乃遞.

冬有庶孼趙華鎭者上變言, "李家煥 · 丁鏞等, 陰主西敎, 謀爲不軌, 韓永益爲其腹心." 上察其誣, 以變書宣示家煥等, 且曰, "韓永益告北山事, 安得爲腹心." 閣臣沈煥之 · 忠淸觀察使李泰永, 咸以爲誣, 事得已. 趙華鎭嘗求婚於韓, 韓不聽, 以其妹嫁鏞之庶弟鑛, 以此謀殺永益, 以及鏞也.

上每讀一部書訖, 太嬪具膳羞, 爲洗書禮, 以循閭巷童稺之俗, 上爲賦詩, 令鏞賡之.

庚申春, 鏞知讒忌者多, 欲歸田以避鋒, 領妻子歸馬峴故里. 未數日, 上聞之, 令內閣趣召臣. 旣還, 上因承旨諭意曰, "奎瀛府今爲春坊, 俟定處所, 須入校書. 予豈捨渠哉."

夏六月十二日, 方月夜閒坐, 忽有叩門聲, 納之, 乃內閣吏也. 持《漢書選》十件來, 傳下諭曰, "久不相見, 欲召爾編書. 鑄字所新改壁泥, 晦間始可來登筵也." 慰藉備至. 且曰, "是書伍件, 留作家傳物, 伍件書題目, 還入之可也." 閣吏言, "下諭時, 顏色眷戀, 辭旨溫諄, 特異也." 吏旣出, 感激涕泣, 心動不自安.

自厥明日, 玉候愆和, 至二十八日, 天竟崩矣. 卽此夜遣吏賜書存問, 遂爲永訣, 君臣之誼, 於斯夕而永終矣. 鏞每念及此, 淚汪汪不可禁也. 登遐之日, 聞急至弘化門前, 逢趙得永, 相與拊心失聲. 欑塗之日, 坐肅章門側, 與曹錫中說哀.

公除之後, 漸聞惡黨雀躍, 日造蜚語危言, 以惑時聽, 至曰, "李家煥等將作亂, 以除四凶八賊." 其四八之目, 每半擧時宰名士, 半自以其淫朋充額, 以激時怒.

鏞度禍色日急, 卽遣妻子歸馬峴, 獨留都下, 以觀時變. 冬旣卒哭, 大歸洌上, 唯朔望赴哭班.

辛酉春, 太妃下諭, 有剗殄滅之之戒.

正月小晦, 李儒修 · 尹持訥, 書報册籠事, 鏞疾馳入都. 所謂册籠, 乃伍六人混雜文書, 其中有鏞家書札. 尹行恁知其狀, 與李益運議, 欲令柳遠鳴上疏, 請拿問鏞, 以殺其禍鋒, 崔獻重 · 洪時溥 · 沈逵 · 李哲等, 皆力勸其承受, 將轉禍爲福. 鏞皆不聽.

二月八日, 兩司發啓, 請鞫李家煥 · 丁鏞 · 李承薰皆下獄, 鏞之兄銓 · 鍾及李基讓 · 權哲身 · 鳴錫忠 · 洪樂敏 · 金健淳 · 伯淳等, 皆以次入獄. 乃其文書堆中, 却多鏞昭脫之證, 尋除械, 府內保放. 諸大臣時招, 與議獄事.

委官李秉模曰, "行將白放, 其加餐自愛." 沈煥之曰, "咄咄, 婚友不可恃." 知義禁李書
九·承旨金觀柱多平反寬恕, 參鞫承旨徐美修, 密招賣油婆, 通獄情于鏞之妻子, 俾知鏞
情輕無死慮, 勸之飯以生.

諸大臣皆議白放, 唯徐龍輔執不可, 鏞配長鬐縣, 其兄銓配薪智島, 而鍾及焉, 餘皆不
免. 唯李基讓謫端川, 嗚錫忠謫荏子島.

時惡黨知鏞不死, 以亂堆中三仇之說, 勒定爲丁家文書, 又誣之爲凶言, 遂加鍾極律,
以塞鏞復起之路. 乃故翊贊安鼎福所著書, 明有三仇之解, 其誣之也明矣. 是年夏, 獄事
益蔓延, 王孫䄄·戚臣洪樂任·閣臣尹行恁, 皆賜死.

鏞旣至鬐, 作《己亥邦禮辨》, 考《三倉詁訓》, 著《爾雅述》六卷, 哦詩不輟以自遣.

及冬, 逆竪黃嗣永就捕. 惡人洪羲運·李基慶等, 以百計恐脅朝廷, 自求入臺地, 發啓請
再鞫鏞等, 必殺乃已. 羲運者, 樂安之變名也.

時鄭日煥自海西還, 盛言鏞有西土遺愛不可殺, 且云, "不出囚招, 無發捕之法." 勸煥之
勿動. 煥之乃請太妣, 允. 春間臺啓, 於是銓·鏞及李致薰·李寬基·李學逵·申與權等,
又逮入獄.

委官以凶書示鏞, 鏞曰, "逆變至此, 朝廷亦何慮之不及."

凡看西書一字者, 有死無生. 然按事, 皆無與知狀, 又諸大臣見所捉文書, 有禮說·《爾
雅》說及所作詩律, 皆安閒精核, 無與賊交通色, 意憐之, 入奏其無罪. 太妣察其誣, 命六
人竝酌放, 而謂湖南有餘憂, 以鏞配康津縣以鎭之, 銓配黑山島, 餘皆移配兩南.

時尹永僖欲知鏞死生, 訪大司諫朴長卨問獄情, 洪羲運適至, 僖避入夾室. 羲運下馬
入戶, 勃然怒曰, "殺千人, 不殺鏞, 不如無殺, 公何不力爭." 長卨曰, "渠自不死, 吾何以殺
之." 旣去, 長卨謂僖曰, "沓沓人哉. 謀殺不可殺之人, 再起大獄, 又責我不爭." 鏞旣至康
津, 杜門不見人.

壬戌夏, 縣監李安默, 又誣以微事, 無實乃已.

癸亥冬, 太妃特命鏞與蔡弘遠同放, 相臣徐龍輔沮之.

戊辰春, 徙居茶山, 築臺穿池, 列植花木, 引水爲飛流瀑布, 治東西二菴, 藏書千餘卷,
著書以自寓. 茶山在萬德寺西, 處士尹博之山亭也. 石壁刻'丁石'二字以識之.

庚吾秋, 鏞之子學淵, 鳴金以籲冤, 刑曹判書金啓洛請上裁, 命放逐鄕里, 洪命周疏論
不可, 且有李基慶攸發之臺啓, 不果放.

甲戌夏, 臺臣趙章漢停啓, 禁府將發關, 姜浚欽上疏至毒, 判義禁李集斗, 畏之不敢發.

戊寅夏, 應敎李泰淳上疏言, "臺啓停而府關不發, 此國朝以來所未有者, 流弊將無
窮." 相臣南公轍, 飭禁府諸臣, 判義禁金羲淳, 乃發關, 鏞得還鄕里, 卽嘉慶戊寅九月之
望也. 始辛酉春, 在獄中, 一日愁悶, 夢有一老父責之曰, "蘇武十九年忍耐, 今子不忍苦

十九日乎." 及出獄計之, 在獄十九日, 及還鄉計之, 自庚申流落, 又十九年也. 人生否泰, 可日無定命乎.

旣還, 徐龍輔方屛居西鄰, 遣人勞慰, 致款曲.

己卯春, 再入相府, 去來皆慰問殷勤. 冬, 朝議欲復用鏞以經田, 論旣定, 龍輔力沮之.

是年春, 鏞乘舟泝濕水, 省墓于忠州, 秋游龍門山. 庚辰春, 乘舟泝汕水, 游春川淸平山, 秋游龍門山, 消搖山澤間以終焉.

鏞旣謫海上, 念幼年志學, 二十年沈淪世路, 不復知先王大道, 今得暇矣. 遂欣然自慶, 取六經四書, 沈潛究索, 凡漢 · 魏以來, 下逮明 · 淸, 其儒說之有補經典者, 廣蒐博考以定訛謬, 著其取舍, 用備一家之言.

以先大王所批《毛詩講義》十二卷爲首, 而別作《講義補》三卷, 《梅氏尙書平》九卷, 《尙書古訓》六卷, 《尙書知遠錄》七卷, 《喪禮四箋》伍十卷, 《喪禮外編》十二卷, 《四禮家式》九卷, 《樂書孤存》十二卷, 《周易心箋》二十四卷, 《易學緖言》十二卷, 《春秋考徵》十二卷, 《論語古今注》四十卷, 《孟子要義》九卷, 《中庸自箴》三卷, 《中庸講義補》六卷, 《大學公議》三卷, 《熙政堂大學講錄》一卷, 《小學補箋》一卷, 《心經密驗》一卷, 已上經集共二百三十二卷.

其爲《詩》則曰, "詩者, 諫林也. 舜之時, 以伍聲六律納伍言, 伍言者, 六詩之伍也. 風 · 賦 · 比 · 興與雅爲伍, 唯廟頌不在計也. 瞽矇朝夕諷誦, 歌者唱和琴瑟, 使王者聞其善而感發, 聞其惡而懲創. 故詩之襃貶, 嚴於《春秋》, 人主畏之, 故曰, '詩亡而《春秋》作.' 風 · 賦 · 比 · 興, 所以諷也. 小雅 · 大雅, 正言以諫之也."

其爲《書》則曰, "梅頤二十伍篇, 僞也. 考《史記》 · 兩《漢書》及《晉》 · 《隋書 · 儒林》 · 〈經籍〉之志, 而其僞顯然, 不可以不黜也." 曰, "璿璣 · 玉衡, 非象天之儀器. 〈禹貢〉之三底績, 爲九載三考. 〈洪範〉九疇, 爲井田之形, 故二八相應, 四六相承也."

其爲《禮》則曰, "鄭玄之註, 不無傳襲之誤, 而先儒奉之如聖經, 過矣. 〈喪儀有匡〉曰, '疾病者, 命已絶也. 男女改服者, 改以淡素也.' 曰, '天子 · 諸侯之喪, 先成服而後大斂也.' 曰, '天子 · 諸侯 · 大夫 · 士, 各以末虞爲卒哭, 卒哭無別祭也.' 曰, '祔者, 祔之以神道而已, 非祔於主, 非祔於廟也.' 曰, '吉祭者, 四時之常事, 非所以審昭穆也.' 〈喪具有訂〉曰, '冒如夷衾, 非所以囊之也.' 曰, '握手非兩, 緩中以象兩也.' 曰, '旣有掩首, 幅巾宜廢. 然且豎㡇不可, 宜作橫㡇也.' 曰, '深衣之幅十二, 而前三後四, 同於他裳, 其三疊于前裾, 其二袥於腋下. 鉤邊者, 袑邊也.' 曰, '遂匠納車, 所以載柩. 蜃車者, 蜃炭之車, 四輪迫地, 非制也.' 〈喪服有商〉曰, '首絰交結, 宜在項後. 若結在左右, 卽左本者兼左末, 右本者兼右末也.' 曰, '要絰受葛, 乃有三糾, 絞帶三重, 非禮也.' 曰, '喪冠有武, 斬亦用布一條, 繩以爲武, 非禮也.' 曰, '伍服之衰, 皆象祭服. 衰者, 方心也. 適者, 曲領也. 負者, 後綬也.

辟領雕刻, 非制也. 輕服去衰適負, 非禮也.'曰, '帶下尺, 不可作橫, 欄衽當旁, 不可作燕尾也.'曰, '小斂環絰, 是弔服之葛絰. 天子弔, 國君以下皆用環絰, 故曰君大夫士一也. 小斂直著繆絰, 絰無二也.'〈喪期有別〉曰, '期之喪十一月而練, 則爲祖父母·伯叔父母, 爲昆弟·昆弟之子, 皆當有練. 若不練者, 父在爲母, 而練者其服反輕也.'曰, '爲人後者, 爲其祖父母·伯叔父母, 不降服大功, 其所降服, 自兄弟以下也. 馬融之遺義也.'曰, '爲人後者, 或弟爲兄後, 或孫爲祖後, 故名稱不變, 而父母其父母也.'曰, '爲祖父母承重者, 父亡在小斂卽位之先者承重, 在小斂卽位之後者不承重.'曰, '父亡祖父在而祖母卒者, 不承重也.'曰, '妾子之子, 爲其妾祖母, 不承重也.'曰, '天子·諸侯之喪, 母后亦爲之斬衰. 以疏者皆斬, 親者不得不先斬也.'〈祭禮有定〉曰, '侯邦大夫之祭, 不得過三世也.'曰, '太祖不遷, 不可以遷于別廟也.'曰, '支子不祭, 最長房之遷主, 非禮也.'曰, '大夫二祭而已, 不可擧四時也.'曰, '闔戶者, 殤厭之禮. 旣侑旣三獻, 不可又闔戶也.'曰, '太牢·少牢·特牲·特豚, 其籩豆簋鉶之數, 各有定例. 散見於三《禮》·《春秋》, 君大夫士, 各有差級, 不可任情增減. 又爵與鉶俎用奇數, 簋與籩豆用偶數, 不可亂也.'"

其爲《樂》則曰, "伍聲六律, 不是一物. 六律以制器, 樂家之先天也, 伍聲以分調, 樂家之後天也. 辨鄒衍·呂不韋·劉安等吹律定聲之邪說, 而三分損益·娶妻生子之說, 卦氣月氣·正半變半之說, 咸所不取也."曰, "六律各三分損一, 以生六呂, 以遵伶州鳩大均·細均·三紀·六平之遺法也."

其爲《易》則曰, "易有三娛, 一曰推移, 二曰爻變, 三曰互體. 十二辟卦, 以象四時, 〈中孚〉·〈小過〉, 以象兩閏. 於此乎推移以作伍十衍卦, 此之謂推移也. 〈乾〉初九者, 〈乾〉之〈姤〉也. 〈巽〉爲入伏, 故謂之潛龍. 〈乾〉九四者, 〈乾〉之〈小畜〉也. 〈巽〉爲股, 自下而升于上, 故謂之或躍也. 〈坤〉初六者, 〈坤〉之〈復〉也. 一陰始合, 將爲純〈乾〉, 〈乾〉爲氷, 故履霜堅冰至, 此之謂爻變也. 〈泰〉之兩互, 卽爲〈歸妹〉, 四爻之動, 又成〈臨〉卦, 故曰'翩翩不富, 皆失實也'. 〈否〉之兩互, 卽爲〈漸〉卦, 伍爻之動, 又成重〈艮〉, 故曰'其亡其亡, 繫于桑也'. 雜物撰德, 皆取互象, 此之謂互體也. 三娛具而物象妙合, 三娛具而升降·往來·消長·起滅, 萬動以寓, 而聖人之情見乎辭. 以八乘八者, 木强之死法也."曰, "著卦之數, 參天兩地. 一天二地, 則少陽七也. 一地二天, 則少陰八也. 三天則爲老陽九, 三地則爲老陰六. 老無不變, 故九六謂之爻. 六畫非爻, 六畫之動爲爻也."曰, "反對者, 易之序也. 其無反對者, 又取倒體. 故曰'大過顚也, 曰'顚頤吉也', 而〈坎〉之六三, 得爲〈巽〉入, 〈離〉之初九, 得爲〈震〉倒也."曰, "易有逆數, 本無順數. 〈先天〉卦位, 於理不合, 朱子〈答王子合書〉, 在所表章也."

其爲《春秋》則曰, "諸侯之奉王正, 禮也. 雖云周衰, 宜揭王正. 且在當時, 列國參用夏正. 故夏取溫之麥, 秋取成周之禾, 必書曰'王正月', 以明其爲子月也."曰, "一字之褒, 或善同而例異, 一字之貶, 或惡殊而例均. 夏伍之類, 因史之闕文, 不必曲解如先儒也." 曰, "左氏策書, 非《春秋》之傳. 其釋經義者, 漢儒之潛增. 不如是, 不足以廢公·穀也." 曰, "郊祭上帝, 其祭伍方上帝者, 漢儒襲秦人之謬也." 曰, "禘者, 伍帝之祭,《周禮》不言禘, 其云'祭伍帝'者, 禘也. 故觀射父每以禘郊之事連言之也." 曰, "冬至圜丘之祭, 別是檜禮, 非卽郊天之祭也." 曰, "春秋之世, 喪期不變, 杜五立諒闇之義, 以文其短喪之過, 不可遵也."

其爲《論語》, 則異義益夥. 曰, "孝弟卽仁, 仁者, 總名也, 孝弟者, 分目也. 仁自孝弟始, 故曰'爲仁之本'也." 曰, "北辰居其所以直南極, 人主正心之象也. 一心正而百官萬民與共運化, 所謂而衆星共之也. 拱之爲向, 無味之言也." 曰, "'騂且角'者, 牛之賤品也. 牛貴黝貴繭栗貴握尺, 若騂而角成者, 歸於山川而已. 仲弓之賢, 不如伯牛, 故貶而存之也." 曰, "告朔有三, 一曰告朔, 二曰祭朔, 三曰視朔. 四不視朔, 而祭未嘗闕之也. 四不視朔而誣之, 曰百年不視朔, 非理也. 祭廟之牲, 不名爲餼, 餼者, 賓餼也. 周室衰微, 王人不復頒告朔于侯邦, 故子貢欲去其餼也." 曰, "東周者, 東魯之隱語也. 公山弗擾畔季氏, 以扶公室, 故孔子欲遷公室據費邑, 以爲東魯, 如東周也." 曰, "升堂者, 堂上之樂,〈雅〉·〈頌〉是也. 入室者, 房中之樂, 二〈南〉是也. 子路之瑟, 能爲〈雅〉·〈頌〉, 而不能爲二〈南〉, 故夫子設喩也." 曰, "子見南子, 欲勸使召職以全其母子之恩也. 故曰'子所否者, 天厭之'. 若夫大夫之見小君, 當時之恒禮也." 曰, "上智·下愚, 非性品之名. 守善者, 雖與惡相押習, 不爲所移, 故名曰上智. 安惡者, 雖與善相狎習, 不爲所移, 故名曰下愚. 若云人性原有不移之品, 則周公曰'唯聖罔念作狂, 唯狂克念作聖', 爲不知性者也." 曰, "甯武子始從衛成公, 沾體塗足, 備嘗險艱, 此忘身殉國之愚忠, 及成公還國, 孔達爲政, 斂避權要, 此安身保家之智慧也. 安身之智, 猶可也也, 殉國之愚, 不可也也. 今以韜晦爲愚, 則人主無與濟時艱也."

其爲《孟子》則曰, "天子之臣, 得有千乘, 則三公·六卿, 各得千乘, 所餘止千乘. 天子與九臣, 各得千乘, 非十卿祿, 小宰·小司徒以下, 又無以沾寸祿. 萬乘者, 晉·齊之類, 韓·魏·趙·田氏之等, 是千乘之家弑其君也. 孟子固嘗以燕·齊爲萬乘也." 曰, "不嗜殺人, 卽不殺人以政, 乃凶年賑救之類, 非漢高祖·宋太祖不喜屠戮之謂也." 曰, "夏后氏伍十畝, 殷人七十畝, 非塞塹夷塍改作井田也." 曰, "是氣也, 配義與道, 無義與道, 則氣餒焉. 此呂子約·李叔獻之遺義也." 曰, "性者, 嗜好也. 有形軀之嗜, 有靈知之嗜, 均謂之性. 故〈召誥〉曰'節性',〈王制〉曰'節民性',《孟子》曰'動心忍性', 又以耳目口體之嗜爲性, 此形軀之嗜好也. 天命之性, 性與天道, 性善盡性之性, 此靈知之嗜好也." 曰, "本然之性, 原出佛書, 與吳儒天命之性, 相爲冰炭, 不可道也." 曰, "萬物皆備於我者, 强恕求仁之戒也. 爲人子爲人父爲人兄弟夫婦賓主之道, 經而三百, 曲而三千, 皆備於我, 反身而誠, 則克己以復禮, 天下歸仁, 非萬物一體·萬法歸一之意也." 曰, "孟子論性, 竝及耳目口體, 無論理不論氣之病也." 曰, "王莽·曹操, 氣質大抵淸, 周勃·石奮, 氣質大抵濁, 善惡在乎力行, 不在乎氣質也."

其爲《中庸》則曰, "舜命典樂敎胄子, 直而溫, 寬而栗, 剛而無虐, 簡而無午. 《周禮·大司樂》'敎國子, 中和祇庸', 卽其遺法, 皐陶以九德用人, 周公〈立政〉云'迪知忱恂于九德之行', 卽其遺法, 〈洪範〉曰'高明柔克, 沈漸剛克', 皆中和之義, '允執厥中', 猶是大綱說也." 曰, "庸者, 常久不斷之德也. 道不可須臾離, 庸也. 民鮮能久矣, 庸也. 不能期月守, 庸也. 國有道不變, 國無道不變, 庸也. 半塗而廢, 吳不能已, 庸也. 庸德之行, 庸言之謹, 庸也. 至誠無息, 不息則久, 庸也. 文王之純亦不已, 庸也. 回也三月不違仁, 其餘日月至焉, 庸也. 不克終日勸于帝之迪庸也. 卽〈皐陶〉九德之目, 結之以'彰厥有常', 〈立政〉九德之戒, 申之曰'其唯常德', 《易》曰'能久中'也, 皆中庸之義. 中而能庸, 則聖人而已矣." 曰, "不睹, 是我所不睹, 不聞, 是我所不聞, 天之載也. 隱者, 天之體也. 微者, 天之跡也. 隱而莫見乎隱, 微而莫顯乎微, 是以恐懼戒愼, 謂天無知, 是以無忌憚也." 曰, "喜怒哀樂之未發, 平居之恒境, 非心知思慮之未發也." 曰, "罟擭陷阱, 非有司之刑禍也." 曰, "素隱者, 無故而隱, 非如伯夷·泰伯遭人倫之變者也." 曰, "改而止者, 如柯視柯, 長則改之, 短則改之, 大則改之, 小則改之, 期同乎舊柯而后止焉. 人之强恕, 亦猶是, 非使人改過之謂也." 曰, "道心人心, 出《道經》, 唯一唯精, 出《荀子》, 義不可相連也. 道與人之間, 無以執其中, 一而後精, 非執兩而用之也."

其爲《大學》則曰, "大學者, 胄子·國子之學宮也. 胄子·國子, 有臨下治民之責, 故敎之治平之術, 非匹庶凡民之子所得與也." 曰, "明德者, 孝弟慈, 非人之靈明也." 曰, "格物者, 格物有本末之物, 致知者, 致知所先後之知也." 曰, "誠者, 物之終始, 誠意, 所以進之在上也." 曰, "正心卽修身, 身有所忿懥, 不可改也." 曰, "老老者, 太學之養老也. 長長者, 太學之齒世子也. 恤孤者, 太學之饗孤子也." 曰, "民生有欲, 曰富與貴. 君子在朝, 期乎貴, 小人在野, 期乎富. 故用人不公, 不賢賢親親, 則君子離, 斂財無節, 不樂樂利利, 則小人畔, 而國隨以亡. 故篇末申申戒此二事也." 其所以學先王之道, 則曰, "心之虛靈, 受之於天, 不敢曰本然, 不敢曰無始, 不敢曰純善. 心之官, 思, 反觀未發前氣象, 非所以治心也. 可善可惡者, 才也, 難善易惡者, 勢也, 樂善恥惡者, 性也. 率此性而無違, 可以適道, 故曰性善也. 二人爲仁. 事父孝, 仁也. 事兄恭, 仁也. 事君忠, 仁也. 與友信, 仁也. 牧民慈, 仁也. 東方生物之理, 天地至公之心, 不可以訓仁也. 强恕而行, 求仁莫近, 故曾子學道, 告以一貫, 子貢問道, 告以一言, 經禮三百, 曲禮三千, 貫之以恕. 爲仁由己, 克己復禮, 此孔門之正旨也. 誠也者, 誠乎恕也, 敬也者, 復乎禮也. 以之爲仁者, 誠與敬也. 然恐懼戒愼, 昭事上帝, 則可以爲仁, 虛尊太極, 以理爲天, 則不可以爲仁, 歸事天而已."

始鏞玩《易》硏《禮》, 以及諸經, 每一惡解, 若有神明默牖, 多不可告於人者. 其兄銓在黑山海中, 每一編成, 見之曰, "汝之所以至此, 汝不能自知也. 嗚呼! 道喪千載, 蒙之以百蔀, 披之剔之, 豁其翳薈, 豈汝之所能爲哉." 《詩》云'天之牖民, 如塤如篪', 知性之爲嗜好, 知仁之爲孝弟, 知恕之爲仁術, 知天之有降監. 誠之敬之, 勉勉焉孳孳焉, 不知老之將至者, 非天之所以錫鏞福者乎.

又所作詩律十有八卷, 删之可六卷, 雜文前編三十六卷, 後編二十四卷, 又雜纂門目各殊.

《經世遺表》四十八卷, 未卒業,《牧民心書》四十八卷,《欽欽新書》三十卷,《我邦備禦考》三十卷, 未成,《我邦疆域考》十卷,《典禮考》二卷,《大東水經》二卷,《小學珠串》三卷,《雅言覺非》三卷,《麻科會通》十二卷,《醫零》一卷, 總謂之文集, 共二百六十餘卷.

經世者, 何也. 官制·郡縣之制·田制·賦役·貢市·倉儲·軍制·科制·海稅·商稅·馬政·船法·營國之制, 不拘時用, 立經陳紀, 思以新我之舊邦也.

牧民者, 何也. 因今之法以牧吾民也. 律己·奉公·愛民爲三紀, 吏·戶·禮·兵·刑·工爲六典, 終之以振荒一目. 各攝六條, 搜羅古今, 剔發奸僞, 以授民牧, 庶幾一民有被其澤者, 鏞之心也.

欽欽者, 何也. 人命之獄, 治者或寡, 本之以經史, 佐之以批議, 證之於公案, 咸有商訂, 以授獄理, 冀其無冤枉, 鏞之志也.

六經四書, 以之修己, 一表二書, 以之爲天下國家, 所以備本末也. 然知者旣寡, 嗔者以衆, 若天命不允, 雖一炬以焚之可也.

母尹氏, 父德烈, 祖父斗緖, 曾祖爾錫, 宗親府典簿. 妻豐山洪氏. 父和輔, 承政院同副承旨·鏡北節度使, 祖父重厚, 同知敦寧府事, 曾祖萬紀, 承政院右副承旨.

洪氏生六男三女, 夭者三之二, 男長曰學淵, 次曰學游, 女適尹昌謨, 學淵之子曰大林.

鏞生於乾隆壬吾, 今逢道光壬吾, 一甲子六十朞, 皆罪悔之年也. 收而結之, 以還一生, 其自今年, 精修實踐, 顧諟明命, 以畢其餘生.

遂於屋後負子之原, 畫爲壙形, 畧紀其平生言行, 以爲宅兆之誌.

其銘曰, "爾紀爾善, 至於累牘. 紀爾隱慝, 將無罄竹. 爾曰予知, 書四經六. 考厥攸行, 能不愧忸. 爾則延譽, 而罔贊揚. 盍以身證, 以顯以章. 斂爾紛紜, 戢爾猖狂. 俛焉昭事, 乃終有慶."

《여유당전서與猶堂全書》

《논어論語》

《맹자孟子》

《대학大學》

《중용中庸》

《시경詩經》

《서경書經》

《주역周易》

《주례周禮》

《예기禮記》

《춘추春秋》

《소학小學》

《근사록近思錄》

《심경心經》

《노자도덕경老子道德經》

《퇴계전서退溪全書》

《성학십도聖學十圖》

《율곡전서栗谷全書》

《성호사설星湖僿說》

《반계수록磻溪隨錄》, 유형원柳馨遠, 1769년.

《천주실의天主實義》, 루지에리Michele Ruggieri, (남창:1594년).《천주실록天主實錄》의 개정판.

〈황사영백서黃嗣永帛書〉

《다산 정약용 평전》, 박석무, (서울: 민음사), 2014.

《다산평전 – 백성을 사랑한 지성》, 금장태, (서울: 지식과교양), 2011.

《동양고전의 세계》, 신창호 · 장영기 · 배인수, (고양: 서현사), 2007.

《韓國天主敎會史》上·中·下, 샤를르 달레, 안응렬·최석우 역주, (서울: 한국교회사연구소), 1979.

〈Dallet가 引用한 丁若鏞의 韓國福音傳來史〉, 최석우,《史學論叢》, (서울: 일조각), 1970.

한국고전번역원www.itkc.or.kr

스스로에게 건네는 생의 마지막 고백

정약용의 고해

1판 1쇄 발행 2016년 2월 16일
1판 6쇄 발행 2022년 1월 11일

지은이 신창호
펴낸이 고병욱

책임편집 허태영 **기획편집** 김경수
마케팅 이일권, 김윤성, 김도연, 김재욱, 이애주, 오정민 **디자인** 공희, 진미나, 백은주
제작 김기창 **관리** 주동은, 조재언 **총무** 문준기, 노재경, 송민진
펴낸곳 추수밭
등록 제2005-000325호
주소 06048 서울시 강남구 도산대로 38길 11(논현동 63) 청림출판 추수밭
　　　10881 경기도 파주시 회동길 173(문발동 518-6) 청림아트스페이스
전화 02)546-4341
팩스 02)546-8053
www.chungrim.com
cr2@chungrim.com

ⓒ 신창호 2016
ISBN 979-11-5540-044-9 03990